Ikezava Nacuki
TIO S PACIFIKA

Biblioteka RAD

Urednik
SIMON SIMONOVIĆ

Karta i ilustracije: © Sugiura Hammo
Na koricama:
J. M. W. Turner: *Homerova Odiseja*, 1829

Ikezava Nacuki

Priče koje mi je pričao
TIO S PACIFIKA

S francuskog prevela
DANA MILOŠEVIĆ

RAD

Izvornik
Ikezawa Natsuki
MINAMI NO SHIMA NO TIO
© *Ikezawa Natsuki, 1996*
© *Za srpsko izdanje, Rad, 2008*

Sadržaj

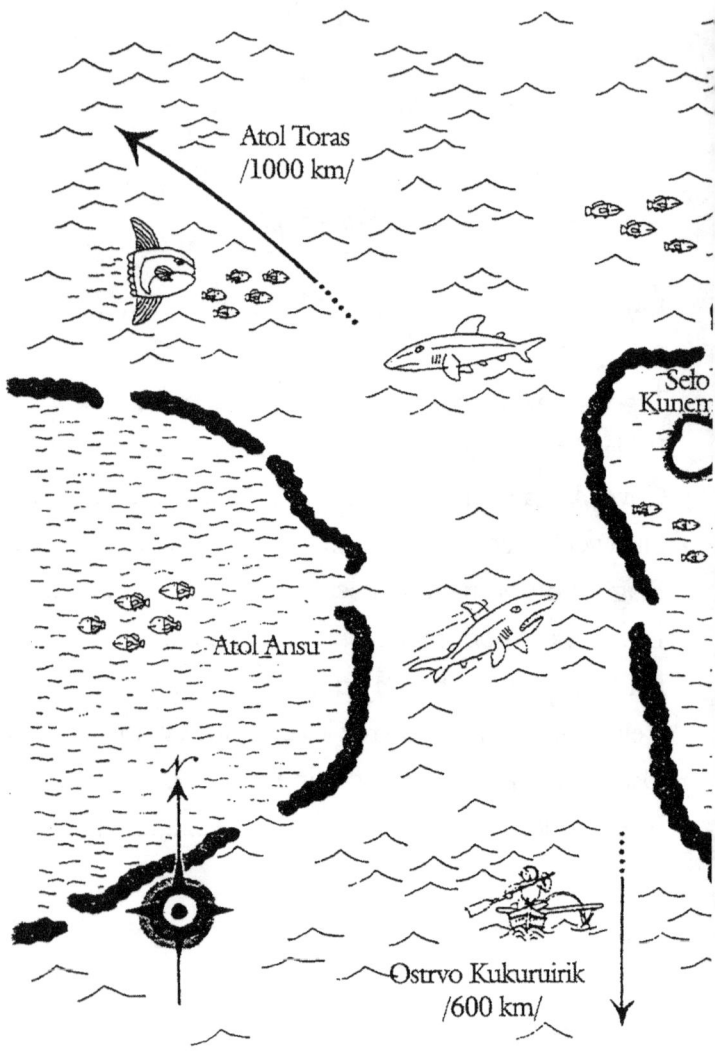

Atol Toras
/1000 km/

Selo
Kunen

Atol Ansu

Ostrvo Kukuruirik
/600 km/

Ostrvo Sapulanga

Ostrvo
Rantaru

Aerodrom

Brdo
Kurampol

Rt Samen

Selo
Samen

Tiov
hotel

Reka Rigin-Ragan

Selo
Guramanam

Planina Mui

Ruševine
Guragaruguine

Selo
Vo

Ostrvo
Duge

Trgovac razglednicama

Avion se spušta na naše ostrvo triput nedeljno: ponedeljkom, sredom i nedeljom. Obično, pola sata pre njegovog dolaska, uzimamo minibus da otpratimo do aerodroma goste koji odlaze. Toga dana, pošto niko iz našeg hotela nije napuštao ostrvo, tata i ja smo krenuli na aerodrom malo kasnije. Parkirali smo kola i ušli u ulazni hol čiji krov pokrivaju palme. Iz daljine se već čulo brujanje letelice, a prema istoku nebo je počinjalo da se boji narandžasto. Avion je aterirao nasuprot zapadnom vetru, rulao do kraja piste, zatim se, uzvitlavši vazduh uokolo, tutnjajući potmulo, vratio u pravcu terminala.

Izašlo je tridesetak putnika. S torbom preko ramena ili s koferom u ruci, uputili su se jedan za drugim ka holu za dolaske. Senke su im se izduživale i titrale na ravnoj površini asfalta. A ja sam, kao obično, nosio oglasnu tablu na kojoj je pisalo ime našeg hotela i posmatrao ih smestivši se u jednom uglu terminala. Jedna osoba iz sredine reda koji se kupao u zalazećem suncu zastala je načas da osmotri na istoku crnu siluetu brda Kurampok, koja se vrlo jasno ocrtavala na svetloj pozadini. Bila je to žena srednjih godina, svakako Japanka. Ostali putnici prolazili su pored nje, žureći da priđu terminalu. Poslednji iz reda ju je zaobišao i kada se našao na više od deset metara ispred nje, žena koja je posmatrala brdo najzad je postala svesna toga da je jedina ostala na pisti. Tada je ponovo uprtila veliku torbu na rame i brzim korakom se priključila ostalim putnicima u čekaonici za dolaske.

Mašući tablom sa nazivom našeg hotela, čekao sam putnike u holu da obave ulazne i carinske formalnosti. Tata je prepoznao više osoba i rukovao se sa njima ili ih, smejući se, prijateljski potapšao po ramenu. Očekivali smo četiri gosta za naš hotel: troje redovnih, od kojih su dvojica bila zaposlena u upravi a jedan u pomorskoj kompaniji, i četvrtog, Japanca, koji nije rezervisao sobu preko agencije koja nam je obično teleksom prenosila rezervacije, već je neposredno, poštom, stupio u vezu sa nama. Tata je rekao da je to verovatno neki malo čudan turista.

Jedni putnici su našli nekog rođaka, drugi kolegu ili nekog službenika iz hotela koji su došli da ih dočekaju. Ubacili su prtljag u prtljažnike kola i razišli se na sve strane po ostrvu. Troje naših stalnih gostiju popelo se u minibus i čekalo na dolazak četvrtog gosta. Ali kao da niko nije hteo da priđe tabli koju sam i dalje držao. Najzad je ostala samo jedna jedina osoba pred carinom. Bila je to ona gospođa koja je prethodno zastala kraj aviona da posmatra brdo. Tata joj je prišao i obratio joj se pokazujući prstom na moju tablu. Ona je s podozrivim izrazom pogledala u mom pravcu pa je, smešeći se, pristala. Tata je onda uzeo njen kofer i uputio se ka minibusu.

«Ovo je zbilja divno mesto», rekla mi je dok sam spuštao njen kofer u ugao sobe. Stajala je u okviru vrata i posmatrala zvezdano nebo iznad brda Kurampok. Mala rastom, otprilike moje visine, bila je prilično gojazna za Japanku. Lice joj je bilo okruglo i delovalo veselo.

Upitao sam je:

«Da li prvi put dolazite na naše ostrvo?»

«Da, ali imam utisak da već dugo znam ovo brdo.»

Pomislio sam da je to po svoj prilici *neka gošća pozvana razglednicom*.

Odveo sam je zatim u trpezariju pokušavajući da izvedem račun: bilo ih je više desetina, sigurno, ali kako je bilo i osoba za koje se nije znalo da li su ili nisu *gosti pozvani razglednicom*, nisam mogao odrediti njihov tačan broj.

U trpezariji, pet-šest grupica gostiju smestilo se za više stolova. Pokazao sam gospođi meni te večeri, ispisan na crnoj tabli okačenoj o zid. Tata se pojavio na vratima kujne u dnu sale i zapitao:

«Kako vam se dopada soba? Da li vam odgovara?»

«Da, vrlo je lepa.»

«Je l' to prvi put da dolazite na naše ostrvo?»

Tata joj je postavio isto pitanje kao i ja.

«Jeste, ali moj mlađi brat je bio ovde prošle godine. On je student etnologije i vršio je istraživanje sa jednim profesorom i još pet studenata.»

«Sećam se! Odseli su ovde», rekao je tata.

Svake večeri morao je da odlazi do sela na drugom kraju ostrva da pokupi džipom te istraživače. Namučio se da ih prihvate stariji ljudi koji ne mare mnogo za strance.

«Brat mi je poslao jednu razglednicu za vreme svog boravka ovde. On inače nije od onih što imaju običaj da pišu.»

«I gledajući tu razglednicu vi ste postepeno osetili želju da dođete ovde, je l' tako?» upitao je tata bezazlenim tonom.

«Kako ste to pogodili? Obično putujem samo u Evropu, ali čudno, osetila sam želju da dođem ovamo. Zbog ovog brda. Ta slika me je očarala.»

Postoje tri tipa razglednica. Prvi tip predstavlja brdo Kurampok, koje je simbol našeg ostrva. Ono se diže zapadno od varoši, na sredini male uvale. Nije naročito visoko, ali je neobičnog, zupčastog oblika. Štampa se na markama i tata je to iskoristio da njime ilustruje hartiju sa zaglavljem hotela. Ono je prvo što ugledaju ljudi koji su napustili ostrvo pa, kad se na njega vrate, to brdo im doista budi osećanje da su se opet našli u svom kraju. Druge dve razglednice predstavljaju, jedna pogled na ceo hotel, a druga bele orhideje koje cvetaju isključivo na jednom posebnom mestu na planini.

Nova gošća je došla zato što ju je očarala slika brda Kurampok. Zaista, ljudi koje opčini naša razglednica žele da rođenim očima vide ono što je na njoj. Kada je to Kurampok ili hotel, mogu lako da ostvare svoj san. Ali kad su posredi bele orhideje, uspevaju tek posle dobrog pešačenja uz planinu. A ja treba da ih vodim. Dobro poznajem planinu, ali kad je, na primer, gost neka starija osoba, to je mala ekspedicija uskom i vrletnom stazom da bi se dospelo do mesta na kome cvetaju orhideje.

Pomislio sam da će toj gospođi svakako biti dovoljno da se divi brdu iz hotela, da će zatim poći da se prošeta po varoši pre nego što se čamcem uputi do ruševina Guragaruguine ili do ostrvceta usred lagune da se okupa u plitkom moru. A potom će otputovati, srećna što je mogla da provede nekoliko prijatnih dana na našem ostrvu.

Trgovac razglednicama je došao k nama otprilike godinu dana ranije. Nije rezervisao sobu u našem hotelu i došao je do nas, čini mi se, onog dana kad nije bilo aviona. Svakako je došao k nama pošto je već odseo u nekom drugom hotelu u varoši.

Te večeri bio sam u trpezariji i čitao zabavnik sa japanskim stripovima koji je ostavio neki gost. Taj mladi gospodin je došao. Bio je sam. Upitao me je da li ima neka slobodna soba. Mi nikad ne napunimo dvadeset i jednu sobu, koliko imamo, i naravno, toga dana, kao uvek, bilo je mesta. Gospodin je bio vitak i pun energije. Osmehivao se kao neko ko se sprema da ispriča zgodnu šalu. Nosio je ranac koji je izgledao vrlo težak i fotografski tronožac. Imao sam utisak da je Evroazijat i da su se kod njega azijatske i bele odlike savršeno ravnomerno izmešale. Mislio sam da je možda sa Havaja ili sa Filipina.

Odgovorio sam mu da imamo sobu.

«Ja se zovem Pip, a ti?»

«Tio.»

«Da li ti vodiš hotel?»

Šalio se, sa svojih dvanaest godina teško da sam mogao proći kao direktor hotela.

«Ne, moj otac je glavni. Ja mu pomažem.»

«A tako? Šteta. Da si ti direktor, imam utisak da bismo brzo sklopili posao. Da li bih mogao uskoro da se vidim s tvojim ocem?»

«Izašao je, ali bi trebalo da se vrati pre večere.»

Odgovorio sam pitajući se u sebi kakav bi to posao mogao biti brzo sklopljen da sam ja na mestu svoga oca.

Tata je bio otišao u Turistički biro na neki sastanak. Vratio se kasnije nego što je bilo predviđeno, oko devet sati. Očekujući ga, mladić je izvadio hartiju i stilo, i počeo da crta. Izgledao je veoma obuzet svojim crtežom. Nastavljajući da poslužujem za ostalim stolovima, pogledao sam na njega krišom i video da crta neku ribu. Mladić je skicirao crte velike pacifičke skuše, zatim je brižljivo dodavao jednu po jednu krljušt. Nije imao pred očima model i mora biti da je u glavi savršeno sačuvao oblik ribe. Sa poslužavnikom za serviranje u rukama, stajao sam nepomično kraj njega i posmatrao ga. Gospodin Pip je na kraju podigao pogled sa svog papira i pogledao me smešeći se.

Tata se konačno vratio, i ja sam mu odmah rekao za tog neobičnog gosta. Tata je prišao njegovom stolu, seo kraj njega i počeo da razgovara. S obradovanim izrazom na licu, mladić mu je odgovorio nešto što ja nisam čuo, a tata je počeo da se smeje. Pomislio sam da su mora biti našli neku beznačajnu temu za razgovor. Tata mi je dao znak i zamolio me da im donesem pivo. Otišao sam, dakle, po dve flašice s pivom i spustio ih na sto.

«Ostani sa nama», rekao mi je tata.

Retko se dogodi da mi zatraži da ostanem i tako razgovaram sa gostom.

Pričali su neko vreme o ostrvu. Gospodin Pip je rekao da dolazi prvi put.

«Poslom?» upitao je tata.

«Jeste, ja sam predstavnik kompanije *Nice Day* za razglednice», odgovorio je gospodin Pip opet se smešeći.

Bio je to neko ko se mnogo smešio!

«Putujem pomalo na sve strane da primam porudžbine za razglednice. Slikam fotografije koje donosim u sedište kompanije gde se proizvode na stotine i hiljade razglednica, pa ih zatim šaljem klijentima koji su ih poručili.»

Pomislio sam da je to izvanredan posao koji mu omogućava da putuje i ujedno radi nešto korisno! Zbilja, kad čovek putuje, poželi da pošalje razglednicu ljudima koje voli. A kad je dobijete, možete da otkrijete nepoznate predele i istovremeno mislite na osobu koja je poslala kartu.

« Da li biste hteli da poručite razglednice?»

«Razglednice s našim hotelom?»

«Da, razglednice specijalno za vas, sa slikom i imenom vaše firme.»

Tata je razmišljao. U stvari, mi smo već prodavali razglednice. Izdao ih je Turistički biro pre nekih pet godina, a poručio ih je od neke firme slične firmi gospodina Pipa. Ime ostrva je bilo štampano, ali ne i našeg hotela. Specijalno naše razglednice ostavljale bi utisak nečeg naročitog i privlačile više gostiju.

«Možda bi bilo dobro imati ih, ali sve zavisi od cene», odgovorio je ozbiljno tata.

«Prirodno», rekao je gospodin Pip, uozbiljivši se i on. «Ali problem je upravo u tome što su razglednice koje izrađuje naša firma prilično skupe. Postoji razlog za tu cenu, ali je meni često teško da to objasnim klijentima. U tome je sva teškoća moga posla.»

Tatin izraz lica postao je malo nepoverljiv. Ma kakav da je proizvod, nije dobro kad je skup.

«Naše razglednice koštaju dolar po komadu uz minimalnu količinu od pet stotina primeraka», objasnio je gospodin Pip.

Gledao je u svoje cipele s izrazom ustručavanja.

Tata nije krio svoje iznenađenje. Bila je to zbilja preterana cena! Karte koje smo mi tada prodavali koštale su samo dvadeset pet centi, a kupovali smo ih svakako za upola manje od te sume. Po kojoj ceni bi onda trebalo prodavati razglednicu koju bismo platili dolar?

«Da li vaše razglednice imaju nešto specijalno? Da li su u nekom naročitom formatu? Da li su reljefne?» pitao je tata.

Već sam video takve razglednice. Nekakav proziran i izbrazdan film bio je nalepljen preko slike i ostavljao utisak da se vidi trodimenzionalni predeo. Ali čak ni te karte nisu koštale dolar!

«Ne, na prvi pogled ništa ih ne razlikuje od ostalih. Format je klasičan.»

«E pa zašto su onda tako skupe?»

«Zato što osoba koja primi našu razglednicu – obavezno dođe», reče gospodin Pip, posmatrajući naizmenično tatu i mene.

«Šta hoćete da kažete?» upita tata.

«Objasniću vam: neko kupi jednu vašu razglednicu i pošalje je nekom prijatelju ili rođaku. E pa osoba koja je primi, doputovaće obavezno ovamo, zato što će bezuslovno hteti da vidi predeo prikazan na slici.»

« To nije moguće», reče tata.

«Uveravam vas da ta osoba neizostavno dolazi», ponovio je gospodin Pip.

«A kakvom to varkom?»

«Ne mogu vam to reći. To je neobjašnjivo. Zato se toliko mučim da ubedim klijente. Možete mi samo verovati na reč. Ali, uveravam vas da su do sada, bez ijednog izuzetka, sve razglednice postigle isto dejstvo. Neizostavno ćete privući goste.»

«To je neka magija», dobaci tata.

«Možete na to da gledate tako, ako hoćete. Mogli biste, recimo, da nabavite imenik Hongkonga i da izaberete nasumice kome ćete napisati 'čekam vas', e pa, ta će osoba doći ovamo. Tako to ide.»

«Ali... ne kažem da vi pričate izmišljotine, ali priznajte da petsto dolara odjednom, to nije mala para koja se može s punim poverenjem isplatiti nekom koga prvi put srećete. Naročito kad je reč o tako neobičnoj priči», rekao je tata, otpivši gutljaj piva. «Da li ste dobili neku porudžbinu na našem ostrvu?»

«Ne, nijednu. Svi su odbili. Vi ste mi poslednja prilika. Inače, ljudi većinom odbijaju. Ipak, svi oni koji su došli u iskušenje da mi poveruju, bili su srećni što su mi poklonili poverenje.»

«Ne sumnjam u to», rekao je tata. «Da nemate slučajno neki primerak?»

«Imam, pogledajte.»

Gospodin Pip je izvadio nekoliko razglednica iz džepa. Sedeći pored tate, i ja sam ih razgledao. Na prvi pogled, bile su potpuno iste kao i svaka druga razglednica i predstavljale su more, grad viđen sa neke planine, pticu jarkih boja.

«Ako sam dobro shvatio, gledajući ove karte, poželeću da obiđem mesta na kojima su snimane. To hoćete da kažete?» zapitao je tata gledajući pravo u oči gospodina Pipa.

«A ne, da je to slučaj, shvatate da ne bih mogao tako jednostavno da pokazujem ove karte svima. Potrebno je da karta bude adresovana posebno jednoj osobi, da na njoj bude nalepljena marka i da bude poslata poštom. Ona deluje samo na osobu kojoj je upućena.»

«Razume se», izrekao je tata.

Shvatio sam da on ne veruje u ono što kaže gospodin Pip i da pokušava, što je ljubaznije moguće, da odbije njegov predlog. I gospodin Pip je svakako to shvatio. Ali ja sam mislio da bi se moglo imati poverenja u tog mladog čoveka zbog onog sjaja u njegovim crnim očima i osmeha koji sam video na njegovom licu nekoliko trenutaka ranije kad je pričao o svom poslu, osmeha koji mu se, činilo mi se, ponovo nazirao na usnama. Možda su te razglednice stvarno magične? A ako je to istina, dovoljno bi bilo da ih pošaljemo u velikom broju da bi se saznalo za naš hotel. Bilo bi divno da pošaljemo na hiljade razgled-nica, pa da potom vidimo kako na hiljade gostiju dolazi k nama. Ostrvo bi se pročulo, a među svim tim gostima svakako bi bilo mnogo zanimljivih ljudi. Pomislio sam da je možda posredi malo rizično ulaganje, ali da bi vredelo pokušati. Zapitao sam tatu:

«Zar nećeš da probaš?»

Iznenađen, tata me je pogledao pravo u oči.

«Zar ne misliš da bi bilo divno kad bi, kao što kaže gospodin Pip, gosti navalili da dolaze ovamo?»

«A onih petsto dolara, jesi li pomislio na njih?»

«Tačno, to je problem... Recite, gospodine Pip, zar ne biste mogli malo da popustite sa cenom?» upitao sam. «Recimo, da napravite samo manje karata za početak, pa kad se budemo uverili da one deluju, mi bismo vam po-ručili više. Priznajte da nije sigurno platiti petsto dolara odjednom da bi se izazvala ta čarolija.»

Gospodin Pip je izgledao malo nespokojan. Počeo je da razmišlja, a zatim odgovorio:

«Pravilo je naše kompanije da prihvatamo samo po-rudžbine od pet stotina razglednica. Ne mogu sam da odlučujem da napravim izuzetak. Ali bilo bi mi teško da napustim vaše ostrvo, a da ne dobijem ni jednu porudž-binu. Onda, evo šta vam predlažem kao izuzetak: ovoga puta mogu da vam napravim samo sto karata. Naročito vas molim, ne kazujte to nikome, molim vas. Kako je po-sredi mala količina, trajanje važnosti razglednica biće ogra-ničeno samo na godinu dana. Kad prođe taj rok, one će izgubiti moć da privlače ljude i ponovo će postati obične karte. Prihvatate li moj predlog?»

Ama, kako bi on mogao da ograniči moć razglednica? To pitanje još je više učvršćivalo našu sumnju, ali konačno smo ipak sklopili ugovor na sto razglednica za sto dolara. Gospodin Pip je izgledao oduševljen što je sklopio ovaj posao. A tata je izgledao i dalje isto onoliko nepoverljiv.

«Sutra ću napraviti fotose. Slažete li se za dva modela?»

Kako smo postigli petinu od onoga što je gospodin Pip tražio na početku, teško smo mogli da zahtevamo više. Prihvatili smo, dakle, i odlučeno je da ću sutradan ja voditi gospodina Pipa na mesta koja treba slikati.

Jedno prepodne je bilo dovoljno da se naprave fotografije. Kako je brdo Kurampok simbol ostrva, to bi bio prvi tip karata, a drugi – pogled na ceo hotel. Da bi slikao Kurampok sa malom uvalom u prvom planu, otišli smo na plažu ispod hotela, a da bi slikao hotel, popeli smo se na breg da nađemo mesto odakle će se dobro videti bungalovi podignuti na padini brežuljka.

Gospodin Pip je postavio svoj čvrsti tronožac, učvrstio je na njemu postariji aparat i s velikom ozbiljnošću napravio prve klišee.

«Da fotografije nisu slikane ovim aparatom, ne bi imale magično dejstvo?»

«Ne pričaj o magiji tako glasno! Ako te ljudi čuju, mogu pogrešno da razumeju.»

Gospodin Pip mi je izgledao veoma oprezan, iako smo bili sami na pustom brežuljku.

«Može se slikati bilo kojim aparatom. Važno je ono posle, kad se izrađuju razglednice.»

Po tonu njegovog glasa, shvatio sam da o tome neće reći ništa više.

«Zar nećete da idete na planinu? Završili smo sa fotografijama i nemate ništa naročito da radite danas.»

«Na onu planinu?»

«Ne, ne na Kurampok. On je suviše strm, ne možemo se peti uz njega. Govorim o drugoj planini, usred ostrva. Od puta koji obilazi oko ostrva treba se sasvim malčice peti. To je veoma lepo mesto.»

«Onda hajdmo tamo!»

Želeo sam da mi priča što više. Čak iako nije mogao da mi poveri svoje magijske tajne, nadao sam se da će mi bar pričati kako je putovao po svetu da bi izrađivao razglednice. Bilo je više mesta na našem ostrvu na koja sam mogao da ga vodim, ali sam osećao da je baš planina ono na koje treba ići.

Vratismo se u hotel i ja zamolih tatu da nas kamionetom odveze u podnožje planine. Na brzinu sam otišao u trpezariju, pripremio sendviče i predložio gospodinu Pipu da požuri, jer sam bio nestrpljiv da krenemo. On je bio završio sa fotografisanjem, ali je ipak poneo aparat. Pošto smo se vozili desetak minuta asfaltnim putem, stigli smo na razrovanu stazu punu velikih lokvi. Tata je pažljivo vozio kamionet, pokušavajući da izbegne rupe da se ne bismo suviše truckali. Gospodin Pip je ćutao i upirao pogled na more koje se prostiralo sa naše desne strane.

Za malo više od pola sata stigli smo gore do visoravni. Tata je otišao rekavši da će doći po nas za dva-tri sata. Buka motora se izgubila u daljini, a mi smo se našli okruženi velikom tišinom. Malo iznad puta, do podnožja planine, širio se nekakav proplanak usred kojeg je ovde-onde raslo nekoliko *to-on* stabala. To mesto nije bilo povoljno ni za useve niti za šumu.

«Da li put obilazi ostrvo?» pitao je gospodin Pip.

«Tako je predviđeno, ali za sada on je izgrađen samo delimično. Radovi ne napreduju brzo.»

Išli smo uskom stazom između stabala. Za četvrt sata penjanja našli smo se na znatnom odstojanju od puta, na dovoljno visokom obronku da imamo divan pogled. Na površini mora savršeno se razaznavala linija koju su ocrtavale plime i oseke, a mnogo dalje, u liniji horizonta, primećivao se u izmaglici koralni atol Ansu. Pod našim nogama, duž blage padine koja se spuštala prema moru, drveće se blago talasalo pod žarkim suncem.

«I ovde je predeo lep», odahnuo je gospodin Pip rasterećujući se od fotoaparata koji je nosio preko ramena. Postupio sam kao on i spustio na zemlju tronožac koji me je zamolio da mu pomognem da ponese. Gospodin Pip se malo znojio. Objasnio sam mu:

«Priča se da će se graditi nov grad kasnije u niziji koju ste videli dole.»

«Dobra zamisao. Gotovo bih poželeo da dođem tu da se nastanim.»

Seli smo i malo razgovarali. Pokušao sam da usmerim razgovor na njegov posao. Kako je bilo nemoguće ispitivati ga o njegovoj magičnoj tajni, hteo sam da mi barem priča o svojim putovanjima. Pričao mi je s uživanjem o svakakvim zemljama. O ostrvu na kome ljudi obožavaju morske ptice brzane i gaje njihove mladunce. Prikazuju kako pripitomljene ptice, kad odrastu, dolete da pokupe ribe koje im njihov vlasnik dodaje ispruženom rukom, zatim odleću prema nebu širokim zamasima krila... Drugo jedno ostrvo je celo nastalo od izmeta morskih ptica, što predstavlja odlično đubrivo. Dovoljno je začeprkati zemlju da bi se zaradio novac. U stvari, stanovnici tog ostrva za kopanje zapošljavaju ljude koji dolaze sa strane, oni ne rade ništa i zadovoljavaju se time što piju pivo. Potom svi postaju strašno debeli i nijedan ne može da se popne na kokosove palme... Na jednom drugom ostrvu opet nema ničeg drugog osim piste za avione sa rezervoarom s gorivom, tamo niko ne živi. Ponekad, kad nekom avionu ponestane goriva, on se tu spusti, snabde njime i odmah odleće... Obrnuto, drugde, u velikom gradu, ima toliko stanovnika da nedostaje prostora i neke osobe su prinuđene da žive na terasama na vrhu zgrada. Kad avioni ateriraju na aerodromu nedaleko od mora, čovek bi pomislio da će oboriti saksije sa cvećem koje su ljudi naređali ispred svojih kuća kao baštu... Ima i jedno ostrvo na kome nije ostala nijedna kuća posle neke oluje. Dok je nevreme besnelo, ljudi su se vezali za kokosova stabla i gledali kako im kuće lete u paramparčad prema okeanu...

«Da li ste napravili razglednice svih tih mesta?»

«Nekih jesam, nekih ne. Ne uspevam uvek da pridobijem poverenje ljudi», odgovorio je gospodin Pip smejući se.

«To je divan posao koji vam omogućuje da obilazite takva mesta!»

«To je tačno, ja mnogo volim svoj posao. Svaki put kad se negde iskrcam, vrlo sam uzbuđen. Srećan sam što vidim nove predele i slušam šta mi ljudi pričaju.»

«Kad bi vam jednog dana zatrebao pomoćnik, da li biste me zaposlili?»

Ovo pitanje mi je izletelo. Imao sam utisak da je glas koji izlazi iz mojih usta glas nekog drugog.

Gospodin Pip me je netremice posmatrao.

«Ali ti imaš posao u hotelu.»

«Jeste, i ja ću svakako kasnije naslediti svog oca. Ali dotle imam dosta vremena da vidim svet. Posle gimnazije, mogao bih, naravno, da idem na univerzitet, ali bih isto tako mogao mnogo da naučim putujući. Imam utisak da bi mi ta vrsta učenja više odgovarala.»

«Onda ti obećavam da ću se setiti da bi ti kad odrasteš hteo da obavljaš isti posao kao ja.»

Pomislio sam da će mi, možda, jednog dana gospodin Pip ponuditi da ga pratim.

«Kako je lepo ovo drveće!» uskliknuo je gledajući oko sebe, dok je među nama zavladala tišina. Bili smo na mestu na kome ponekad cvetaju bele orhideje i, stvarno, na nekoliko metara od nas, nekoliko njih se blago njihalo.

«Ne rastu ni na jednom drugom mestu osim ovde, da znate!»

«Pa onda da i njih slikamo! Mogao bih možda sa njima da napravim razglednicu. Bilo bi dobro da imate tri modela, zar ne?»

«Oh, pa dabome! One cvetaju samo na visini, a na našem ostrvu planina je najviša. Možda ih nikada nećete naći na drugom mestu sem ovde.»

Gospodin Pip je namestio svoj tronožac i brižljivo snimio sliku cveća na pozadini sa morem.

«Pazi, ne povećavam broj karata, napraviću ih sto kao što je ugovoreno. Moja kompanija je prilično stroga u pogledu poštovanja ugovora.»

«Shvatam, to je prirodno.»

«Zauzvrat, slikaću i tebe. Konačno, da se ti nisi sinoć umešao, tvoj otac svakako ne bi sklopio ugovor sa mnom.»

Rečeno, učinjeno. Gospodin Pip mi je zatražio da se spustim do polovine padine brežuljka i da posmatram more, zatim me je slikao odozgo. Potom je sklopio svoj aparat i posmatrao me s ozbiljnim izrazom lica.

«Sa ovom slikom ću ti napraviti razglednicu. Osoba koja je bude primila, doći će po svaku cenu da te vidi. Za ovu kartu ne važi rok od godinu dana: ona će delovati bez ikakvog vremenskog ograničenja. Kad budeš odrastao, ako jednog dana zaista zavoliš nekog i ako poželiš da ta osoba dođe k tebi, moći ćeš da joj pošalješ tu razglednicu. Siguran sam da će doći dan kad će ti biti korisna.»

Taj dan mi je izgledao veoma daleko, ali sam bio dirnut ljubaznošću gospodina Pipa i zahvalio sam mu se od sveg srca.

Dva meseca pošto nas je gospodin Pip napustio, primili smo mali preporučeni paket, koji je sadržavao razglednice koje je on izradio: njih četrdeset je prikazivalo

Kurampok, četrdeset hotel, a dvadeset bele orhideje sa planine. Bio je tu i račun na iznos od sto dolara. U isto vreme kad i taj paket, stigla je koverta upućena na mene lično. Ona je sadržavala jednu jedinu razglednicu, na kojoj sam se video sasvim umanjen, s leđa, sa morem u pozadini.

Ako hoćemo pravo, ove karte se u početku nisu dobro prodavale i, posle izvesnog vremena, uspeo sam da ubedim tatu da odustane od zarade i da ih prodaje po ceni po kojoj smo ih platili, za po dolar po komadu. Nažalost, i pored tog nastojanja, a kako su ostale razglednice koštale dvadeset pet centi i izgledale iste, niko nije hteo karte koje koštaju četiri puta skuplje. Prve dve koje smo najzad uspeli da prodamo, u stvari je pomešao sa ostalima jedan kupac koji je odjednom kupio deset. Delovao je kao da mu je ukupna suma malo previsoka, ali je ipak platio ne rekavši ništa.

Kada nam je stigao prvi gost koga je privukla magična razglednica, («Kako da vam objasnim, primio sam jednu razglednicu od svog sina i osetio neodoljivu želju da dođem da vidim ovaj hotel», rekao nam je taj stariji gospodin), mi smo odista počeli da verujemo u moć razglednica. Onda smo spustili cenu na dvadeset pet centi i čak pre isteka jednogodišnjeg roka koji je utvrdio gospodin Pip, prodali smo većinu karata, a više desetina gostiju je došlo zahvaljujući njima. Događalo se ponekad da se više *gostiju pozvanih razglednicom* nađe u isto vreme u hotelu. Neki su provodili vreme dveći se Kurampoku, drugi su me molili da ih odvedem da vide bele orhideje. Bio sam oduševljen što nas gospodin Pip nije slagao. A tata se držao svog skeptičnog izraza lica. Ipak nije mogao poricati da su gosti pristizali u velikom broju i plaćali bez problema svoj boravak u našem hotelu.

Neobično nije samo to što su goste privlačile razglednice, nego što su svi, bez izuzetka, odlazili ozarenog lica od sreće što su mogli da borave kod nas. Kad sam shvatio da razglednice ne samo da su imale moć da očaraju ljude, već i da ih njihovo putovanje usreći, još više sam se divio gospodinu Pipu.

Jednog dana, kad je ostalo još samo dvadesetak razglednica u rezervi, tata je uputio pismo da poruči petsto dodatnih primeraka od firme *Nice Day*. Čak je napisao da ako neko treba da bude poslat da snimi fotografije i napravi nove uzorke karata, on će biti spreman da snosi troškove njegovog boravka. Odgovor nam je stigao dve nedelje kasnije. Pismo je bilo pedantno napisano sitnim rukopisom:

Dragi Gospodine,
Zaista mi je žao što ne mogu ispuniti vašu molbu. Firma kojoj ste se obratili brojala je, u stvari, samo jednu jedinu osobu – i to je bio moj brat. Međutim, pre otprilike šest meseci, on je otputovao za Novu Gvineju i od tada nemam vesti o njemu. Pomislila sam da je mogao biti žrtva udesa na nekom zabačenom mestu, pa sam odmah preduzela traganje i pokušala svim sredstvima da ga pronađem, ali nažalost bez uspeha do danas.

Moj brat je voleo putovanja i često je odsustvovao po više meseci. Što se tiče podatka da je izrađivao razglednice, ni ja lično, koja sam mu jedina porodica, to nisam znala. Nadam se da se može sasvim jednostavno jednog dana vratiti, ali što se tiče vaše porudžbine, mogu samo da vas zamolim da od nje odustanete. Ipak, uveravam vas da ću odmah ponovo uspostaviti vezu sa vama ako se on vrati.

Autor pisma bila je žena. Čitajući ovaj dopis i tata i ja smo bili toliko razočarani da smo se gledali bez reči. Gospodin Pip je govorio o preduzeću, ali je, u stvari, radio potpuno sam. I bio je isto tako jedini koji je umeo da izrađuje čarobne razglednice. Konačno smo mogli da privučemo samo nekoliko desetina gostiju zahvaljujući njima. A uz to, moj ambiciozni divni san da postanem pomoćnik gospodina Pipa i da obiđem svet sa njim raspršio se odjednom (tajio sam taj plan samo za sebe i nikad nisam pričao tati o njemu). Ostala mi je još samo jedna jedina razglednica, ona koju mi je gospodin Pip poklonio i koja će privući osobu koju ću istinski voleti. Koliko li ću je vremena čuvati dok ne nastupi dan kad budem poželeo da je iskoristim? Kad bih samo znao gde se u ovom času nalazi gospodin Pip, poslao bih je njemu, bez i najmanjeg oklevanja, samo da ga vratim.

Sutradan po dolasku ovog pisma, vodio sam Japanku da vidi bele orhideje u planini. Ona će svakako biti poslednja posetiteljka koju je na naše ostrvo privukla razglednica.

«Čudno, vidim ovo cveće prvi put, ali imam osećaj da sam ga već odavno videla. Ovo cveće raste samo ovde, zar ne? A ipak, ja ga pamtim još iz detinjstva, ili možda čak i ranije, sigurna sam! Kao da sam ovde došla da bih ga ponovo videla. Ako je to bilo pre mog detinjstva, onda

znači da bi to bilo pre mog rođenja? Kakvo čudno ose-
ćanje!»

Za mene ovaj utisak nije bio ni najmanje čudan. Karte
brda Kurampok i karte s belim orhidejama dugo su sta-
jale jedne preko drugih na polici i njihova moć se prosto-
-naprosto malo pomešala. Ali, naravno, ništa o svemu to-
me nisam rekao toj gospođi. Nisam joj rekao ni reč o
magičnoj moći koja ju je privukla na naše ostrvo. Imao
sam utisak da bih, ako otkrijem tu tajnu, umanjio svoje
izglede da ponovo vidim gospodina Pipa.

Prolaz ka zelenom nebu

Naše ostrvo ima oblik po dužini prepolovljene papaje. Na severnom kraju se nalazi varoš, a u samom središtu se uzdiže planina Mui, odakle izviru reke koje se vodopadom spuštaju na četri strane ostrva pre nego što će se uliti u more. Planina Mui je okružena džunglom u koju niko ne može da prodre. Ljudi stanuju na obali mora i put ide duž obale. Na pučini, koralni sprudovi okružuju ostrvo. Između plaže i koralne barijere širi se laguna čija je voda uvek mirna i po kojoj se može ploviti čak i malim čamcem. Iza koralnog spruda, stupa se na pučinu po kojoj se razbijaju veliki talasi. Ima i mnogo ajkula, ali one velike ne zalaze u lagunu. Može se, prema tome, tu kupati i roniti bez strahovanja.

Motorni čamci su počeli da se pojavljuju kod nas kad sam imao desetak godina. Tata mi je pričao da je ranije trebalo ići pešice krivudavim planinskim putem koji je obilazio polovinu ostrva da bi se došlo do sela Vo ili pirogom s jedrom ploviti duž koralne barijere ili pak koristiti vladinu šalupu koja je dolazila ovamo jednom mesečno. Kola su bila retka a, uz to, u svakom slučaju, put kojim se

31

moglo ići nije vodio naročito daleko izvan varoši. Bilo je, dakle, jednostavnije ploviti morem. U to vreme svi su koristili piroge, a još ranije odlazilo se pirogom do ostrva udaljenih ponekad i više stotina kilometara, pa je tada u svakom selu bilo veštih graditelja. A onda su se, malo-pomalo, rasprostranili motorni čamci i piroge su napuštene. Sada se čak i u laguni na sve strane čuje buka motornih čamaca. Ni mi – ni u kući, ni u hotelu, nismo zadržali pirogu. A ja mislim da kad bismo gostima hotela stavili jednu na raspolaganje, bili bi oduševljeni, ali tata kaže da je jedan motorni čamac dovoljan. U svakom slučaju, čak i ako bismo hteli da kupimo pirogu, više niko ne bi bio u stanju da je napravi. U Vou postoji još gospodin Čabak koji ume da ih pravi, ali sam načuo da je toliko zauzet opravljanjem starih, da više nema vremena da izrađuje nove i da mu ih, uostalom, niko i ne poručuje. Ipak, piroga ne traži benzin i njom se veoma lako rukuje, jer je gaz plitak. A uz to, može se graditi od građe koja postoji na našem ostrvu. Ja smatram da su za razonodu blizu obale piroge prijatnije od motornih čamaca.

Nekadašnji prvi čamci su bili drveni i imali su motor *in-bord*. Zatim su ih zamenili motorni čamci sa plastičnim trupom, lagani, jaki i laki za manevrisanje. Imućne porodice su ih prve kupovale za odlazak u ribolov ili obilazak rođaka po udaljenim selima zaobilazeći koralnu barijeru. I mi, kako imamo hotel, bili smo među prvima. Kad sam prvi put video naš čamac, bio mi je divan. Dve zelene pruge bile su izvučene na njegovom belom trupu a imao je i motor *Evinrud* od 25 konjskih snaga. Prva dva-tri dana, tata je napravio sam nekoliko krugova između hotela i varoši, pre nego što je pustio moju sestru i mene da uđemo u njega. A zatim, jednog nedeljnog popodneva, ukrcao je goste iz hotela i celu porodicu i poveo na izlet do ostrva Rantaru.

Svojevremeno, kada su se svi postepeno opredeljivali za motorni čamac, često su ljudi pričali kako su udarili u koralnu barijeru ili u stene. Pirogom se vidi šta je ispred vas i ne izlažete se opasnosti da naletite na nešto, sem ako niste potpuno zaneti. A, uz to, piroga je laka, ne ide prebrzo, pa i kad se dotakne neka stena, drvo se samo malo okrzne. S motornim čamcem, naprotiv, može se čovek pozlediti ili provaliti trup čamca. Kad se dođe u plitke vode, treba udvostručiti pažnju i usporiti, ali mnogi među onima koji su kupili prve motorne čamce retko su ranije izlazili na more, pa ništa nisu znali o plimama i osekama, nisu pravili razliku između plićaka i dubokih prolaza i bili su skloni da se prepuste da ih suviše opije brzina. Neki su udarali u stene i vraćali se sa modricama ili ogrebotinama; događalo se čak da od udara izlete i polome kosti kad padnu na neki koralni sprud ili stenu.

Jednog jutra debeli gospodin Tamanteg, koji radi u skladištu građevinskog materijala, došao je da se vidi s mojim ocem, s uzbuđenim izrazom na licu:

«Treba brzo preduzeti mere zbog ovih udesa! Svi koji su pozleđeni dolaze da mi se žale. A to ipak nije moja greška, niti je greška u motornim čamcima!»

Gospodin Tamanteg daje pod zakup čamce i motore, i za njegove poslove nije dobro kad ima mnogo udesa. I tata jednom zamalo nije udario u sprud svojim čamcem;

u poslednjem trenutku promenio je pravac, ali od naglog skretanja izleteo je i gadno ogrebao rame. Bio sam sa njim toga dana. Odbačen na dno čamca, zaradio sam veliku čvorugu udarivši u rezervoar za benzin.

«Treba postaviti signalizaciju koja bi omogućavala razlikovanje plovnih prolaza i plićaka. Trebalo bi obeležiti prave prolaze i zabraniti kretanje izvan njih», predložio je tata.

«To je dobra zamisao. Podnesimo je Upravi.»

«Možemo o tome da pričamo, ali se bojim da neće biti odmah prihvaćeno.»

«Osim ako ne budemo ubedljivi.»

«Zar ne bi bilo bolje da se sami snađemo?»

«Sami, hoćete da kažete vi i ja?» upitao je gospodin Tamanteg zabrinuto.

«Tačno. Mogli bismo da izradimo bele table i da ih učvrstimo za stubove sa svake strane prolaza. Da bi se uočili prolazi kroz koralnu barijeru, trebalo bi da nam pomognu ribari koji dobro poznaju plovne puteve. A za ostalo, ako bismo mogli da okupimo pet osoba, posao bi bio završen za oko nedelju dana.»

«Bojim se da to nije tako lako kao što vi kažete», uzvratio je gospodin Tamanteg.

Ali tata je bio veoma oduševljen i za dve nedelje završio je pripreme: obišao je ljude koji imaju motorne čamce i ubedio ih da uzmu učešća u radovima, postigao je da Uprava isporuči materijal i obezbedio učešće ribara koji su poznavali atol kao svoj džep. Iako se nisu baš svi pozledili, bar jednom su zagrebali dno barke i, prema tome, veoma su rado prihvatili tatin predlog.

Savršeno se sećam one sedmice kada su obavljani radovi. Svakoga dana bih uzimao tatin čamac, da bih video kako napreduje radilište i, ako bih mogao, pripomagao bih. Trebalo je postavljati table na svakih oko sto metara, da bi se ukazalo na mesto kojim se moglo proći bez obzira na stalne plime ili oseke. Gospodin Đen, po zanimanju ribar, savršeno je poznavao visinu tla nad površinom mora. On je nacrtao plan za postavljanje oznaka, vodeći računa o strujama, plimama i osekama, i vodio nas na lice mesta. Panoi su bili uglavljeni u koral, tako da budu vidljivi taman za vreme oseke. Na mesto postavljanja najpre bi pristao natovaren čamac, zatim bi se električnom bušilicom izbušila rupa u koju treba da stane stub sa oznakom. U nju bi se uvlačio stub i pošto bi bio pričvršćen nepokretnom zaštitom, uokolo se ulivao beton otporan na vodu, koji je prethodno pripreman na čamcu i već skoro očvrsnuo. Sutradan bi se skidala ta zaštita. Na taj način su dobijeni čvrsti, otporni panoi, čak i za slučaj nevremena. Kako je trebalo ponavljati iste radnje za svaku oznaku, ja sam se zasitio već drugog dana i počeo da tražim školjke na koralu ili da ronim tražeći ribe.

Radili smo samo za vreme oseke, ali za pet dana postavili smo stubove za oznake duž prolaza na istočnoj polovini ostrva. Kako su na zapadu čamci ređe prolazili, posao je bio odgođen za kasnije. Šestog dana trebalo je postaviti oznake na stubove. Na desnoj strani kad se napušta varoš da bi se obišlo ostrvo u pravcu kretanja kazaljke na satu, drugim rečima, sa strane najbliže ostrvu, bele oznake su bile kvadratne, a sa leve strane, prema pučini su bili rombovi. Bilo je, prema tome, moguće dobro ih razlikovati, čak i prilično izdaleka. Idući između tih dveju oznaka, nije bilo nikakve opasnosti da se udari u bilo šta i moglo se ploviti sa punom sigurnošću do južnog rta ostrva u selu Vo. Odlučeno je da će radovi na označavanju prolaza koji vode do okolnih sela padati na trošak svakog naselja.

«A kako bi bilo da organizujemo svečano otvaranje?» predložio je gospodin Tamanteg tati kad je sve bilo završeno. Za vreme radova, on nije bio naročito oduševljen i uglavnom se vukao oko gradilišta. Ni u jednom trenutku nije probušio nijednu rupu bušilicom, niti postavio zaštitu, niti je nalivao beton. Ipak, kad je posao bio gotov, on je najbučnije izražavao svoje zadovoljstvo.

«Veliko svečano otvaranje! Šta kažete na to?»

Konačno, tata je pustio da ga ubedi, a i ostali su izgleda smatrali da će to biti dobra prilika da se svima na ostrvu pokaže rezultat njihovog truda. Odlučili su, dakle, da otvaranje bude u nedelju popodne posle radova. Posle zvanične svečanosti koja bi se održala u varoškoj luci, desetak čamaca će povesti važne ličnosti u Vo i natrag. Tako bi se pokazalo svima koliko je, zahvaljujući oznakama, sada lako bez opasnosti otploviti i doploviti između varoši i najudaljenijeg južnog rta. Narodna svečanost će se isto tako organizovati u Vou da bi se dočekali gosti. Postepeno, praznično veselje je obuzelo celu varoš i tata je izgledao veoma zadovoljan.

Na dan svečanosti nije mi bilo dozvoljeno da se popnem na tatin čamac koji je trebalo da bude na čelu defilea. Mnogo važnih osoba iz Vlade i grada je došlo i tobože nije više bilo mesta za decu. Ja sam uporno tražio, rekavši da to nije pravično jer sam učestvovao u radovima svakog dana bez izuzetka, ali tata je bio malo uzbuđen zbog svečanosti koja će početi i izgledalo je da me čak i ne čuje. Ogorčen, napustio sam luku gde je svako držao govor, sve duži jedan od drugog, i otišao u radio-stanicu na izlazu iz varoši. Toliko sam bio razočaran da više nisam osećao želju da prisustvujem toj svečanosti.

Nije bilo nikog u radio-stanici, a jedan zvučnik okrenut ka luci prenosio je svom jačinom govore koji su se smenjivali na otvaranju. Ušunjao sam se iza zgrade da se uspužem na toranj gde se nalazi emisiona antena. Odrasli su zabranjivali deci da se veru na njega, ali ja sam znao da toga dana tu neće biti nikog. Toranj je prilično visok i pogled sa njega je predivan. Seo sam na platformu da pratim defile čamaca u laguni. To zapravo nije bila osmatračnica, bio je to veoma tesan radni prostor, ali sam tu mogao komotno da sednem. Sunce je okomito bacalo zrake i bilo mi je pretoplo u tom leglu nebu pod oblacima. Iz zvučnika su do mene dopirali govori kojima i dalje nikad kraja i ometali čamce da isplove iz luke. Osušenog grla, pitao sam se zašto odrasli toliko vole te govore, što je podjarilo moj gnev. Smatrao sam da je ovo čekanje veoma dosadno. Najzad sam čuo tatin glas: «E pa, sada ćemo moći da isplovimo na more i novim prolazom da potpuno sigurno otplovimo u selo Vo.» Odjeknuo je oduševljeni aplauz. Čuo sam zatim buku, potom brujanje motora koje je postepeno pokrilo klicanje gomile. Pomislio sam da je trebalo da i ja budem na prvom čamcu i opet sam osetio kako se u meni penje talas gneva.

Sa svog tornja nisam video luku, ali sam mogao da razaznam čamce kad budu dospeli do rta Saman. Očekivao sam, dakle, očiju uprtih u stenoviti rt. U podnožju mog legla pod oblacima prostirao se predeo prošaran kućama, stazama, šumom i kokosovim palmama. U dolini, prema pučini se otvarala laguna, čija se tamna koralna barijera tek nazirala. A onda, u nedogled, prostirao se ogromni okean još plavlje boje od plave u laguni. Na liniji horizonta gomilali su se beli oblaci, a iznad njih nebo je bilo boje mora po kome je, ovde-onde, kretanje plime izvlačilo bele brazde.

Posle nekoliko minuta, sa leve strane rta Saman, opazio sam kako se pojavljuje defile motornih čamaca. Izgledali su bliže nego što sam zamišljao. Išli su napred, jedan za drugim, kao kad se mravi kreću po zemlji usijanoj pod zracima sunca. Da sam mogao biti na nekom čamcu, svakako bih imao utisak da se brzo krećemo, ali gledano izdaleka, činilo se da čamci polako mile po površini vode. Čamac na čelu je morao biti tatin. Pošto su prešli vrh rta, čamci su skrenuli udesno kako bi započeli plovidbu kroz lagunu prateći oznake. Sa svog položaja nisam video table, ali sam se otprilike sećao njihovog rasporeda, pošto sam učestvovao u radovima na njihovom postavljanju. Pomislio sam: za jedan trenutak, da bi izbegli plićake, čamci će skrenuti malo udesno… Međutim, tatin čamac je skrenuo malo ulevo. Ipak sam se savršeno tačno sećao da smo tu postavili romboidnu tablu. Pomislio sam da se tata svakako prevario, ali jedan za drugim, svi koji su ga pratili skrenuli su isto tako ulevo. Ukoliko produže u tom pravcu, zaobići će uskoro ostrvo Rantaru s desne strane i isploviće na pučinu, jer upravo na tom mestu, jedna pukotina u koralnoj barijeri omogućava neposredan prolaz ka pučini. Taj pravac nije imao nikakve veze sa početnim planom da se ide u Vo lagunom!

Nisam verovao svojim očima: niz čamaca nastavio je da se kreće ka pučini, u pravcu ostrva Rantaru, prošao je pored ostrva Sapuranga i uputio se ka otvorenom moru! Više mi nije bilo moguće da razaznajem čamce koji su, i pored svoje veličine, iščezli kao da su utonuli u okean. U više navrata, imao sam utisak da opažam između treperavih talasa oblike koji bi mogli biti čamci. Čekao sam u nadi da će flotila napraviti zaokret, ali uzalud, i posle izvesnog vremena uzalud sam se naprezao da usredsredim pogled na talase – na kraju baš ništa više nisam video. Iznenađen onim što se dogodilo, sišao sam s tornja i vratio se u varoš. Pitao sam se treba li da ispričam to što sam video nekoj odrasloj osobi. Obuzet mislima uputio sam se ka luci gde se odigrala svečanost. Verovao sam da tamo neću više zateći nikog, ali više odraslih je još ostalo ćeretajući, a među njima gospodin Tamanteg. Začuđen, zapitao sam ga:

«Zar vi niste pošli?»

Skupio je oči koje su mu već bile veoma uske i zatresao trbušinu:

«Gle, gle, evo Tia!» rekao je gledajući me iskosa. «Ja stvarno nemam sreće, motor mi se pokvario! To je previše

smešno, pošto sam baš svima pričao da prodajem najbo-
lje motore! Nisam uspeo da ga pokrenem!»

Milije mi je bilo da ne komentarišem maler gospo-
dina Tamantega.

«Znate li da su čamci otplovili na pučinu?»

«Nema razloga, zaboga! Oni moraju biti na putu za
Vo, kao što je predviđeno, i lepo pratiti oznake.»

«Uveravam vas da nisu. Skrenuli su nalevo kod ostrva
Rantaru i izbili na pučinu!»

U početku ni gospodin Tamanteg ni ostale prisutne
odrasle osobe nisu poverovali u ono što govorim, ali neko
drugi je došao da javi to isto, da su čamci pošli čudnim
pravcem, ljudi su počeli da shvataju da se zaista događa
nešto neobično. Ali, pošto nisu znali šta da preduzmu,
rekli su da treba sačekati da se sazna više.

Vest se proširila kroz varoš i radoznalci su malo po-
malo pristizali u luku. I dalje smo iščekivali. Pet sati kas-
nije, nijedan čamac se još nije vratio. Čak i računajući sat
i po putovanja do Voa i oko sata za svečanost dočeka na
trgu, bilo je dovoljno vremena da se čamci vrate u luku.
Uzalud smo temeljno istraživali lagunu, nismo u njoj ra-
zaznavali nijedan čamac. Na zapadu je nebo počinjalo da
se boji zalaskom sunca.

Konačno, deset čamaca se vratilo tek sutradan ujutro.
Uz to, nisu se vratili sami. Zabrinuti ljudi su pregovarali
sa Upravom da jedan izviđački motorni čamac pođe da
ih traži na pučini prema ostrvu Rantaru i, na kraju krajeva,
veoma daleko od kopna, flotila je pronađena odvučena
izvan pravca, čamci su užadima bili vezani jedan za drugi.

Svi putnici, računajući i tatu, bili su iscrpljeni. Kad se vratio kući, tata je otišao da legne, ne izustivši ni reč i odmah je zaspao. Krajem dana je ustao i počeo da nam priča o onome što se dogodilo prethodnog dana. Primetio sam zamišljen izraz na njegovom licu.

«Sve je išlo dobro kad smo napustili luku. Vreme je bilo divno, motori su radili savršeno, svi su bili zadovoljni. Kad smo stigli do rta Saman, videli smo s desne strane prvu oznaku koju smo postavili. Videli smo takođe sa leve strane i onu naspramnu. Između njih dve se nalazi dovoljno dubok prolaz da se plovi bez opasnosti. Ja sam tada malo ubrzao. Bilo je veoma prijatno. Ostali čamci su me pratili bez problema. Video sam ispred sebe tri sledeće oznake. Pomislio sam da je sve u najboljem redu. Tio smatra da sam pogrešio pravac u tom trenutku, ali ja sam siguran da sam išao prolazom između oznaka. Ne mogu sebi nikako da objasnim zašto sam na pučini, prema ostrvu Rantaru, skrenuo ka istoku da uplovim u duboko more. Ipak sam ubeđen da sam na desnoj strani ostavio romboidnu oznaku. A uz to, nisam bio potpuno sam, ostali iza mene nisu se zadovoljavali samo time da me prate i isto tako su motrili na oznake. Ni u jednom trenutku nismo prestajali da se orijentišemo prema njima. Put mi je izgledao malo dug, ali sam stalno imao utisak da prepoznajem pejzaž lagune. U jednom trenutku, sećam se, pomislio sam da su talasi vrlo visoki, ali imao sam poverenja u ono što su nam pokazivale oznake. Pa ipak, uzalud smo išli napred, nismo nikako stizali u Vo. Na kraju krajeva, nismo nigde stigli. Usput nigde nismo videli ni prolaz koji vodi u selo Guramanam, ni ruševine Guragaruguine, ni ostrvo Duge.

Čudno, prepoznavali smo dobro poznata mesta lagune, ali smo bili potpuno nesposobni da kažemo gde se nalazimo. Međutim, ni u jednom trenutku nismo pomislili da se zaustavimo ili da se vratimo nazad. Kao da nam je um bio nečim blokiran. Plovili smo još dugo, a zatim, najednom, situacija nam se učinila veoma čudnom. I putnici iz ostalih čamaca počeli su da se pitaju, od čamca do čamca, ne bi li saznali gde smo, kad su se, iznenada, svi motori istovremeno zaustavili. A onda je predeo oko nas iščezao! Nije više bilo predela! Čamci su plovili po nečemu što je istovremeno ličilo na plavičastu vodu i na oblake. Nebo je imalo boju koja je vukla na zeleno. Bio sam veoma uznemiren. Ostali su svi izgledali ošamućeno. Čamci su stvarno plovili po nečemu, pa ipak, kad bismo pružili ruku preko ivice čamca, ne bismo osetili hladni dodir vode već samo nekakvu magličastu vatu, malo obojenu plavo. Neki su počeli da gunđaju da je to mesto veoma čudno, ali niko se od nas nije uplašio. Kao da smo bili u nekom neobičnom stanju. Bilo nam je nemoguće da pisnemo. To je možda potrajalo više sati, ili više dana, ili možda samo jedan tren – nemam pojma. U jednom trenutku neko od putnika sa mog čamca, mislim da je to bilo odgovorno lice iz Biroa za finansije, gospodin Toram, tiho reče: «Pogledajte tamo», upirući prstom prema nebu. Pogledao sam u pravcu koji je pokazao, i na nebu zelene boje ugledao morsku kornjaču! Bila je toliko velika da je pokrivala gotovo celo nebo po kome se pomerala odbacujući unazad prednje noge. Na bledozelenoj pozadini, kornjača je ličila na kinesku senku. Nastavila je mirno da pliva, a zatim se udaljila i na kraju iščezla. Iza nje se pojavio morski pas.

Bio je manji od kornjače. Telo mu se graciozno kretalo, spokojno je plivao. Zapazio sam onda da je nebo puno svakojakih ribljih senki. Jedna velika raža pokretala se gipko se talasajući, jedna barakuda je prošla velikom brzinom, jato riba testeraša najednom je promenilo pravac nekako srebrnasto svetlucajući. Riba-klovn kao da se zabavljala vrebajući nas pored neke zadremale tune. Izgledalo je kao da možemo da vidimo lagunu odozdo! Situacija je bila neobično čudna, a ipak smo se divili prosto-naprosto lepoti tog prizora iznad nas i ni u jednom trenutku nismo osetili ni najmanji strah. A onda se sve oko nas postepeno smračilo. Mislili smo da je noć upravo pala na dno mora. U stvari, to je zaista bila noć i, nekoliko trenutaka kasnije, zeleni svet je ponovo dobio prirodan izgled, a mi smo ponovo začuli pljuskanje vode o trup čamaca. Iznad naših glava više nismo videli senke riba već prosto mnoštvo svetlucajućih zvezda. Prošao sam rukom preko ivice čamca i zaista osetio vodu pod prstima. A onda, talasi su postali veoma jaki. Obuzet strahom, gledajući čamce kako slobodno plutaju jedan kraj drugog, povikao sam svojim pratiocima da ih međusobno čvrsto vežu užadima. Svi su postepeno dolazili k sebi. Zatražio sam da se proveri da li je svih deset čamaca tu, i da li je broj putnika na svakom isti kao i pri polasku. Bilo je zbilja deset čamaca i niko nije nedostajao prilikom prozivke. Onda smo proverili motore koji su bez problema krenuli. Međutim, bilo je mračno i nismo imali nikakvu predstavu o mestu na kome smo. Mogli smo da odredimo položaj po zvezdama, ali niko od nas nije znao u kom pravcu se nalazi naše ostrvo, a u mraku, plašili smo se da ne udarimo u sprudove.

Dogovarali smo se i odlučili da ostanemo gde smo do svitanja. U zoru smo opazili obalu i ubrzo posle videli izviđački čamac koji je dolazio po nas; onda smo stavili motore u pogon i pošli mu u susret.»

Pričajući nam svoju priču, tata je imao neki bludeći pogled, kao da je još video senke riba kako plivaju iznad njega po nebu obojenom zeleno!

Niko nije mogao da nađe zadovoljavajući odgovor za sve u ovoj čudnoj pustolovini. Više niko nije imao poverenja u naše oznake i sutradan niko se nije odvažio da uplovi u lagunu. Nekoliko ribara je otišlo na pučinu iz varoši, ali nijedna barka se nije osmelila čak ni da usmeri svoj pramac u pravcu Voa. Tata se osećao odgovornim zbog toga i bio je vrlo bezvoljan, a ipak nije izgledao voljan da preuzme inicijativu i svojim čamcem proveri pouzdanost prolaza prema oznakama.

Tri dana posle ovog slučaja, časna starina iz sela Saman poslao je tati glasnika da bi mu stavio na znanje kako je ono što se dogodilo bilo gruba šala boga Saratimuka. Nekada, prilikom svetkovina, stari ljudi iz svakog sela bili su zaduženi da naročitim molitvama izgone nečastive sile, ali u naše vreme retko im se pruža mogućnost da primene svoje moći. Može se čak reći da se oni većinom zanemaruju.

Pa ipak, suočeni sa neobičnošću onoga što se dogodilo na svečanom otvaranju, ljudi su se odjednom zainteresovali za mišljenje časnih starina.

Prolaz ka zelenom nebu

Čim je čuo ime boga Saratimuka, tata je uporno tražio da ga gospodin Tamanteg prati do Samana. Izgledalo je da je odmah poverovao u objašnjenje časnog starine koji je tvrdio da je činjenica što su na zelenom nebu viđene ribe nasred okeana i što je, povrh toga, prva životinja koja se ukazala bila velika morska kornjača, zaista dokaz da je posredi umešanost Saratimuke. Naime, taj bog je od davnina poznat po tome što se povremeno javlja ljudima u liku kornjače. Starac je tvrdio da Saratimuka ima običaj da zbija šale sa ljudima, ali da nema nikakvu zlu nameru. Još je starina ukorio tatu zato što je postavio oznake ne misleći da ukaže poštovanje bogovima mora. Za starce, objašnjenje je, prema tome, bilo očigledno: današnji mladi ljudi radili su rukovodeći se samo svojim ličnim interesom, uopšte se ne obazirući na tradiciju, a onda se Saratimuka rasrdio i odvukao motornjake na neko čudno mesto.

Konačno, da bi se izvinili bogovima, odrasli su odlučili da prirede malu svečanost i tata je opet morao da se namuči da bi je pripremio. Određenog dana, krajem popodneva, svi odrasli i deca okupili su se na krajnjem vrhu rta Saman, naspram lagune. Ispečene su tri svinje koje su prinete bogovima, sa kineskim kupusom, bananama i ribom. Kasnije, svi učesnici proslave su se častili tom gozbom koja je bila dar bogovima. A onda, do kasno u noć, pevalo se i igralo. Bilo je to zaista veoma veselo slavlje!

Sutradan, tata je odlučio da se ponovo odvaži na put u Vo, prateći svoje oznake. Predložio je plašljivom gospodinu Tamantegu da ga prati, ali ovaj je odbio izgovarajući se gripom koji prati ne samo bol u stomaku već i neka rana na nozi i ne znam još koja druga boljka. Doduše, izuzev gospodina Torama iz Biroa za finansije, svi su odbili da prate tatu. Njih dvojica su krenuli izjutra i vratili su se srećno pre zalaska sunca. Oznake su im omogućile da lako nađu put i ništa neobično se nije dogodilo. Tata je potvrdio da je mogao da vodi svoj čamac potpuno sigurno, bez i najmanje bojazni da naleti na plićake ili na sprudove.

Od tog dana, uzdajući se u oznake, ljudi su počeli redovno da motornim čamcima plove lagunom.

Više godina kasnije, jednoga dana kada smo plovili pučinom prema ostrvu Rantaru, tata je, gledajući pučinu, promrmljao:

«Znaš, ponekad baš zaželim da ponovo vidim ono zeleno nebo i senku morske kornjače. Misliš li da će mi se ta prilika ikada ukazati?»

Bojim se stvarno da neće. Od tog slučaja više nikad nisam čuo da je ijedan bog zbijao neku grubu šalu sa ljudima. Motorni čamci brazdaju lagunom, prave se novi putevi i kola ima sve više i više, a veliki avioni sada mogu da sleću na našem aerodromu, pa je sasvim moguće da su bogovi najzad smatrali da je to mesto zbilja suviše bučno i bilo im je milije da se presele na neko drugo ostrvo.

A ja mislim da je njihov nestanak isto toliko tužan kao i činjenica da više niko ne koristi piroge.

Čovek koga je privlačila zemlja

Kada je avion kompanije *Gran-Pacifik* pao u more, bio je to veliki događaj za naše malo mirno ostrvo, a za mene naročito taj udes je bio izvanredno važan. Prirodno: odigrao se pred mojim očima!

Tata smatra da je ime te kompanije malo suviše neskromno. «Ima samo jednu jedinu malu letelicu *Piper--Aztec*, sa pet mesta, ali uz takvo ime pomislilo bi se da je posredi međunarodna kompanija koja povezuje tri kontinenta, sa pedesetak boinga od po dvesta mesta», kaže on uvek. Može biti, ali avion kompanije *Gran-Pacifik* je, uprkos svemu, važno vazdušno prevozno sredstvo između nas i susednih ostrva, a gospodin Hankok, koji je istovremeno direktor kompanije i glavni pilot tog aparata, veoma je uvažena ličnost zato što može da vozi avion. Tri puta nedeljno, boinzi jedne američke kompanije opslužuju naše ostrvo, ali piloti tih velikih aviona, razume se, ne stanuju kod nas. Gospodin Hankok je, dakle, jedini avijatičar kojeg poznajemo. On je, izgleda, naučio da pilotira za vreme korejskog rata, dok je bio u vazduhoplovnoj diviziji američke mornarice. U to doba, tata je još bio mali. Kad je malo pijan, gospodin Hankok voli da priča kako je bio veoma darovit pilot i kako je oborio veliki broj neprijateljskih aviona, ali ljudi sa našeg ostrva samo mu napola veruju. Neki smatraju da on nije pilotirao borbenim aparatom nego poštanskim avionom u pozadini. Drugi idu čak dotle da kažu da je pre bio mehaničar na zemlji. Gospodin Hankok je malog rasta, ćelav, govori sporo i veoma je blag. Nikada se nije čuo da se svađa ni čak da digne glas, pa je onda za odrasle osobe na ostrvu prosto-naprosto nemoguće zamisliti ga kako se hrabro bori za komandama aviona, mitraljirajući neprijatelja. Posle rata radio je u poljoprivredi u Sjedinjenim Državama i specijalizovao se za pilotiranje malim avionima za prskanje galicom ili za vazdušne topografske preglede. A onda, kada su izgrađeni pravi aerodromi na našem i susednim ostrvima, omogućavajući ne više samo hidroavionima nego svim tipovima aviona da sleću kod nas, gospodin Hankok je došao da se nastani kod nas i sa svom svojom ušteđevinom osnovao kompaniju *Gran-Pacifik*. Dobio je i finansijsku pomoć od vlade u visini polovine svog kapitala.

Na dan udesa trebalo je da sa tatom ispratim do aerodroma jednog našeg gosta. To je bio gospodin Isaj Ernandes, direktor supermarketa na najvećem ostrvu glavnog atola Toras, koji se nalazi zapadno od našeg ostrva. Gospodin Ernandes je bio veoma visok, imao je veliku glavu i pravio se važan. Bio je svakako uticajna ličnost u Torasu, ali njegovo držanje i način govora nametali su utisak kako se ima posla sa nekim još važnijim, kao što je, recimo, predsednik celog arhipelaga ili neka visoka ličnost tog ranga.

Čovek koga je privlačila zemlja

Prethodnog dana rekao je da mora odmah da se vrati u Toras radi nekog hitnog posla i, kako ne može da sačeka tri dana na dolazak redovnog boinga, rekvirirao je samo za sebe *Aztec* kompanije *Gran-Pacifik*. Njegov posao je zaista morao biti hitan kada plaća samo za sebe troškove prevoza koji odgovaraju za pet putnika. U svakom slučaju, mora da je imao mnogo para. Toga dana, dakle, odlučeno je da će gospodin Hankok uzleteti za Toras čim se bude vratio sa svog redovnog leta oko okolnih ostrva. A mi smo morali da ispratimo gospodina Ernandesa na aerodrom pazeći da stignemo tačno na vreme. Već je bilo skoro četiri sata, a ipak gospodin Ernandes, koji je u salonu hotela raspravljao o poslovima sa odgovornim licem iz fabrike sapuna sa našeg ostrva, nije izgledao spreman da krene. Zabrinut, tata mu je rekao da ako ne krenemo smesta za aerodrom, uzletanje može da okasni, ali gospodin Ernandes nije mario za to.

«Konačno, ja iznajmljujem avion, on treba da me čeka.»

Tata nije mogao ništa da mu odgovori. Ipak, ima sat leta do Torasa, a noću nije moguće sleteti. Trebalo je bezuslovno uzleteti pre pola pet. To je, uostalom, tata objasnio nekoliko minuta ranije gospodinu Ernandesu koji je ipak, na kraju, ustao.

«Zar nećete da pođete na aerodrom? Nastavićemo razgovor u kolima», predložio je odgovornom iz fabrike sapuna.

Izašli smo svi zajedno iz hotela i uputili se ka minibusu. Jedna stara gospođa, mala i naborana, stajala je pored kola. Prepoznao sam baku Kamai i, kako je dugo nisam video, spremao sam se da je oslovim kad sam opazio da ona pilji u gospodina Ernandesa. A on je išao prema kolima kao da, uostalom, ni ona niti bilo šta drugo ne ulazi u njegovo polje vida.

«Gle, pa to je baka Kamai!» rekao je tata. «Šta radite ovde?»

Baka Kamai je čudna osoba koju znaju svi na ostrvu. Ona oduvek živi sama. Malo je luda i često se vidi kako besciljno lunja. Odevena je u dronjke i, kako ide da vadi školjke obučena, krajevi rukava su joj uvek beli od soli. Ponekad okupi decu da im priča priče koje ulivaju strah, a događa joj se i da najednom pozove neke odrasle osobe da bi ih nešto upozorila. Ako ona kaže da nekog dana ne treba ići u ribolov, odrasli obično slušaju njen savet. A priče koje priča deci su zaista zastrašujuće i mališani, pošto su ih saslušali, uvek ružno sanjaju noću. Ipak, ako ih baka Kamai pozove, deca ne mogu odoleti da je ne poslušaju i pođu da čuju njenu priču.

«Ti ćeš pasti!» skresala je ona gospodinu Ernandesu gledajući ga pravo u oči kad je prošao pored nje.

«Šta? Ko će pasti?» zapitao je on.

Pokušao sam i ja da pročitam sa lica bake Kamai.

«Ti ćeš pasti!»

«Reci mi, bako Kamai, ko će pasti?» upitao je tata.

«On, on će pasti!» bilo joj je dovoljno da ponovi i, kao da nema više nikakva posla sa nama, udaljila se posrćući. Gospodin Ernandes pogleda tatu s upitnim izrazom na licu.

«Ona bubne s vremena na vreme takva upozorenja. Ponekad pogodi, ponekad ne.»

«Glupo je to! Odakle joj to da ja padnem? Hajde, vozite me brzo na aerodrom», uzvrati gospodin Ernandes.

Dok smo se vozili, dva poslovna čoveka na zadnjem sedištu nastavila su da raspravljaju o pola i četvrt santima. Biće da je bila reč o ceni sapuna naveliko.

Na aerodromu, gospodin Hankok je nestrpljivo iščekivao. Čim je stigao, gospodin Ernandes se, najzad malo požurivši, pope u avion. Još sam mislio na ono što je rekla baka Kamai. Upitao sam tatu sasvim tiho:

«Odakle bi on mogao da padne?»

«Ne znam šta je htela da kaže. Ipak, biće da nije pričala o avionu», šapnuo mi je tata.

Čim se gospodin Ernandes popeo u avion, tata je hteo da krene. Ali ja sam mnogo voleo taj mali avion u koji sam se već dva puta peo; događalo mi se čak da ga posmatram i po ceo dan kad bi bio u garaži zbog uobičajenih opravki. Dakle, navaljivao sam da ostanemo malo da bih gledao uzletanje. Bilo je u pitanju pet minuta pa je tata pristao da me sačeka. Oba motora *Piper-Aztec*-a su krenula. Da bi uzleteo licem prema zapadnom vetru, avion se lagano udaljio prema kraju piste, zatim se s jakom tutnjavom brzo vratio prema nama. Kad je prošao ispred terminala, čiji je krov bio pokriven palmama, već je bio na deset metara iznad zemlje. Uvek sam bio zadivljen lakoćom kojom se avion dizao u nebo. Ubrzo će iščeznuti u daljini, razmišljao sam.

Zadovoljan što sam mogao prisustvovati uzletanju, spremao sam se da se pridružim tati u minibusu, kad su, iznenada, motori čudno zabrujali. Kao da su se nakašljali, a zatim najednom zaustavili. Iznenađen, pogledao sam u nebo prema istoku. *Aztec* je upravo prešao kraj piste. Prednji deo aparata se njihao i usmeravao sada ne više prema nebu nego prema zemlji. Otrčao sam do parkinga. Video sam da više osoba navrat-nanos izlazi iz terminala. Avion, pretvoren u planer, okretao se polako nadesno i postepeno gubio visinu. Nekoliko trenutaka kasnije, zaronio je u okean, u vodama oko aerodroma, i iščezao na naše oči u velikom slapu vode. Na aerodromu zavlada silno uzbuđenje. Neko povika: «Čamac! Iznesite brzo čamac!» Pretrčao sam preko piste i približio se moru. Opazio sam avion na oko dvesta metara, na površini vode. Bio je napola potopljen, ali nije potonuo. Uspeo je, izgleda, da se spusti na more koristeći svoj zalet da vešto klizi po vodi i konačno se popne celom površinom na koralnu barijeru. Video sam kako se otvara okno pilotske kabine i gospodina Hankoka koji provlači ruku kroz njega i maše. Bio sam strahovito uzbuđen: upravo sam prisustvovao strašnom udesu. Srećom oba putnika su izgledali živi i zdravi, a što se tiče aviona, spušten na sprud, nije izgledalo da će potonuti. Bio sam siguran da je za to trebalo zahvaliti veštini gospodina Hankoka. Posle nekoliko minuta, čamac za spasavanje napustio je luku i prišao avionu. Mora da ga je neko pozvao telefonom. Čamac je prihvatio obojicu spasenih i uputio se, ali ne prema luci nego prema aerodromu, da bi pristao na kraju piste gde su svi nagrnuli. Gospodin Hankok je izgledao vrlo uzbuđen i nije prestajao da priča, ali gospodin Ernandes je sedeo sasvim klonuo na zadnjem sedištu čamca, sklopljenih očiju. Mislili smo da je možda pozleđen, ali čim je čamac stigao do obale, on je naglo ustao, odgurnuo gospodina Hankoka koji je bio na sedištu pred njim i izašao prvi. Na kraju krajeva, izgledalo je da mu je dobro.

«Kako se usuđujete da vozite putnike u tom starom, trulom avionu! U tom raspadnutom mlinu za kafu! U toj prokletoj starudiji! Toj bednoj napravi! Kako ste vešti, bolje bi vam bilo da pilotirate biciklom ili kolicima iz supermarketa! Nije vas stid da naplaćujete ljudima i da ih dovodite u ovakve situacije?»

Samo što je stupio na kopno, gospodin Ernandes je sve začudio svojim jezičkim sposobnostima udavivši godpodina Hankoka morem pogrdnih reči na više jezika, od dijalekta našeg ostrva i Torasa, preko engleskog i japanskog. Siroma mali gospodin Hankok, koji je maločas bio tako pričljiv u čamcu, ostao je bez reči i nije se usuđivao da digne pogled.

«Pa šta se to dogodilo?» upitao je tata.

«Ne znam. Motori su najednom stali. Kao da više nije bilo goriva. Pokušao sam da se vratim na pistu, ali konačno sam morao da se rešim da spustim avion na sprud», objasnio je gospodin Hankok.

«Ako je tako, to je bio mehanički problem! Kladim se da ste leteli s praznim rezervoarom. Siguran sam da je to!» obrecnuo se gnevno gospodin Ernandes.

«Nemoguće! Upravo sam napunio rezervoar. Nema sumnje u tom pogledu.»

«Vi ste lično napunili rezervoar?»

«Nisam, naredio sam da to uradi jedan mlad čovek iz naftne kompanije. Ali ja sam proverio propisanu meru. A osim toga, da je rezervoar bio prazan, ja bih to osetio odmah pri uzletanju. Već više od trideset godina letim, ali prvi put mi se događa ovakva stvar.»

Posle nekog vremena, pošto je bilo izlišno nastaviti raspravljanje, svi su se vratili u terminal da telefoniraju na sve strane i predlože koje mere da se preduzmu. Vest o udesu se brzo proširila i radoznalci su se okupili na kraju piste da posmatraju kako avion leži na sprudu. Pitali su me kako je avion pao i bezbroj puta sam morao da ponavljam svoja objašnjenja.

Na našem ostrvu postoji jedan jedini avion, a kako se za sada on mirno ljuljuška na talasima, ma koliko bio hitan posao zbog koga je gospodin Ernandes morao da otputuje, on više nije imao drugog rešenja nego da ostane kod nas još jednu-dve noći. Popeo se, dakle, u naš minibus da bi se vratio u hotel, nastavljajući istovremeno da grdi. Zatim mi je zatražio da na njegovo ime rezervišem mesto u boingu koji će ići u Toras kroz tri dana. Za to vreme, razlog iz kojeg je avion gospodina Hankoka pao, bio je rasvetljen: gorivo nije bilo dobro. U toku transporta brodom između rafinerije sa Filipina i našeg ostrva, neko je greškom sa gorivom koje nam je bilo namenjeno pomešao tri bureta kerozina koji se koristi za mlazne avione. Na našem ostrvu uopšte nema skladišta za snabdevanje za takve avione, posredi je dakle bila greška prilikom isporuke. Mladi službenik kompanije ništa nije primetio i napunio je rezervoar gospodina Hankoka gorivom za mlazni avion. Da je gospodin Hankok prisustvovao punjenju, on bi možda otkrio po mirisu da to nije dobro gorivo, ali za to vreme on je bio u holu aerodroma i jeo sendviče koje mu je žena pripremila. Sa ono malo ispravnog goriva što je ostalo u aparatu, avion je mogao da rula na pisti i da uzleti. Tek kad se našao u vazduhu, kerozin se raširio u kanalima i motori su stali (bio sam vrlo ponosan što sam u potpunosti shvatio ova tehnička objašnjenja odraslih). Gospodin Hankok, dakle, nije bio kriv za udes i, po tatinom mišljenju, trebalo mu je, naprotiv, odati priznanje što je umeo savršeno da izvede hitno sletanje na more ne ozledivši svog putnika.

Za ta tri dana, gospodin Ernandes je poslao celu gomilu telegrama u Toras, sreo se sa uglednim ljudima sa našeg ostrva sa kojima je pio pivo, išao ponovo da obiđe fabriku sapuna, jednom rečju, intenzivno je radio. A onda, onog jutra na dan kada je trebalo ponovo da otputuje boingom, gotovo da nije otvorio usta. Zabrinutog lica, ostao je sedeći u jednom uglu trpezarije, jedući i pušeći cigaretu za cigaretom. U jednom trenutku, pogledi su nam se ukrstili i on mi je dao znak da priđem.

«Mali, da nije ona stara gospođa tu negde?»

«Koja?»

«Stara gospođa od pre neki dan?»

«Baka Kamai? Nisam je video već tri dana.»

«Da li pristaješ da je potražiš? Hteo bih da je pitam da li se avion danas izlaže opasnosti da padne ili ne.»

Izgledao je vrlo ozbiljan. Uz pomoć više drugara, dao sam se, dakle, u potragu za bakom Kamai. Niko nije nigde video njenu priliku drhtavu kao list na vetru. Naime, izgleda da je niko nije ni sreo od onog famoznog dana udesa. Kad sam to javio gospodinu Ernandesu, izgledao je zaista razočaran. I dalje se nije razvedrio penjući se u minibus u odlasku na aerodrom. Tata je zaista pokušao da ga ohrabri rekavši da nema opasnosti od greške sa gorivom za boing, ali gospodin Ernandes kao da ga nije čuo. Kad je stigao na aerodrom, bio je i dalje onako uznemiren. Nije bilo naročito toplo, ali on se ipak preznojavao krupnim kapima znoja i izgledao vrlo nervozan. Boing je najzad uz zaglušujuću buku prispeo. Izgledao mi je izuzetno velik, izuzetno lep i bez ikakve opasnosti da mora prinudno da sleti na koralnu barijeru. Gospodin Ernandes se umešao među ostale putnike da bi mu pasoš bio overen pečatom i, sa svojom kartom za ukrcavanje u ruci, uputio se ka avionu. Kad je stigao blizu aparata, malo je zastao, a onda se vratio u pravcu hola za odlazak.

«Odlučio sam da se ne ukrcam», dobacio je jednom službeniku aerodroma i stuštio se u naš minibus. Zurio je ispred sebe ne mičući. Tata mu je uzalud pričao, izgledalo je kao da ga ovaj ne sluša. Nije bilo druge, pa smo odlučili da još jednom vratimo gospodina Ernandesa u hotel.

Bio je istinski preplašen i nismo znali šta da radimo. Dva sata kasnije, tata je telefonirao avionskoj kompaniji i potvrdili su mu da je, naravno, boing srećno stigao u Toras. On je o tome obavestio gospodina Ernandesa koji, uprkos svemu, nije hteo da otputuje ni sledećim boingom. Rekao je da neće ići avionom ako mu baka Kamai ne potvrdi da nema nikakve opasnosti. Onda smo opet više dana tražili baku Kamai po celom ostrvu, ali nije bilo moguće pronaći je. Živi na nekom usamljenom mestu u planini i, ako ne odluči da siđe u varoš, potpuno je nedostupna. Gospodin Ernandes se izgleda mučio između neophodnosti da se vrati na svoje ostrvo i svog ludog straha od aviona, tako da nije mogao više ništa da uradi.

Posle nekoliko dana, izmršavelog lica i upalih očiju, pozvao me je u trpezariju:

«Mali, kad ima neki brod?»

«Brod? Hoćete da kažete vladin brod za vezu?»

Uprava je, naime, uspostavila pomorsku transportnu službu za putnike i robu između mnoštva malih ostrva koja čine našu federalnu državu. Postoje dva broda koji se zovu *Prijateljstvo* i *Dobro susedstvo*. Brod je deset puta jevtiniji od aviona, pa onda ljudi većinom koriste brod kad idu da obiđu familiju na nekom od susednih ostrva.

Zamolio sam tatu da se obavesti u Transportnom birou. *Prijateljstvo* je otišlo da obiđe najudaljenija ostrva i vratiće se tek za dva meseca, ali *Dobro susedstvo* je upravo u luci i, srećom, treba da krene za dva dana prema ostrvima na istoku. Kapetan tog broda je bio tatin prijatelj. Do Torasa avionu treba samo jedan sat, dok brod putuje dva dana. A uz to, ako je more nemirno, brod se mnogo ljulja, jer je to mali brod za prevoz robe.

Bez komentara sam poslušao gospodina Ernandesa i otišao u Transportni biro da rezervišem u njegovo ime jednu od dve jedine kabine. Kako je najzad uspeo da nađe neki način da se vrati kući, gospodin Ernandes je najednom postao preterano veseo.

Na dan putovanja, odvezli smo ga minibusom do luke. Hteo je da napusti hotel bar tri sata pre polaska broda i čim je stigao u luku, zavukao se u svoju kabinu i više nije izašao iz nje. Pošto je malo porazgovarao sa kapetanom, tata se brzo vratio u hotel, ali ja sam ostao u luci da se poigram sa drugarima. Gomila putnika koji su nosili veliki prtljag okupila se u pristaništu, zatim se popela na brod na kome je svako obeležio svoju teritoriju prostrvši asure od rogozine. Oni koji su odlazili na neko udaljeno ostrvo provešće desetak dana na tom brodu. Smešteni usred svog prtljaga koji je sadržavao rezerve hrane, razne alatke i poklone za familiju, oni će provesti dane i dane, ne radeći ništa, ljuljajući se na talasima. Već se događalo da se deca rađaju za vreme plovidbe!

Vreme polaska je došlo i brod se lagano udaljio iz pristaništa. Stajao sam sa drugovima na obali da bih ga posmatrao kako se udaljava i upućuje ka pučini. Putnici su se okupili na palubi, okrenuti prema obali, mahali su i posmatrali kako promiče predeo. Iza komandnog mosta, na gornjoj palubi, opazio sam siluetu gospodina Ernandesa. Bio sam suviše daleko da bih ga dobro video, ali sam imao utisak da mu razaznajem na licu izraz velikog olakšanja. Pomislio sam da svakako više nikad neće napuštati svoje ostrvo. Neko mi je prišao. Bacio sam letimičan pogled na stranu: bila je to baka Kamai! Rekao sam joj:

«Bako! Na sve strane smo vas tražili!»

Ali ona ništa ne odgovori i produži da zuri u brod. Mislim da je posmatrala gospodina Ernandesa.

«Rekao je da se suviše plaši aviona i hteo je da otputuje brodom. Brod se ne izlaže opasnosti da padne!» objasnio sam smejući se baki Kamai.

Ali ona je promrmljala:

«Može! Pada se i odatle!»

Iznenađen, pogledao sam je pravo u oči:

«Kako to?»

«Taj čovek će pasti. Počinio je suviše rđavih stvari. Bogovi su nezadovoljni.»

I ne ostavljajući mi vremena da postavim druga pitanja, ode.

Tri nedelje kasnije, saznao sam pojedinosti o smrti gospodina Ernandesa za vreme plovidbe na *Dobrom susedstvu*. Po povratku na naše ostrvo, kapetan je došao da nas obiđe u hotelu.

«Prvoga dana on gotovo nije napuštao kabinu», ispričao je, pijući pivo sa tatom. «Kako si mi ti manje-više objasnio šta mu se dogodilo, pazio sam malo na njega. Izgleda da je mislio da mu je, radi sigurnosti, najpametnije da ostane zatvoren. A onda, drugog dana, mora da se osetio ohrabren, pa je počeo da se šeta po palubi. Za vreme te plovidbe, more je bilo mirno i vreme je bilo lepo: idealni uslovi da se švrlja palubom.»

«Paluba tvog broda ipak nije tako velika da bi se moglo šetati po njoj», reče tata zadirkujući kapetana.

«Šta pričaš! Dobro, zadnja paluba je uvek zakrčena prtljagom i ljudima koji sede, tamo se ne može napraviti ni korak, ali paluba iznad komandnog mosta je veoma prijatna! Noću je to idealno mesto da se posmatra zvezdano nebo. Najzad, bilo kako bilo, putnik je počeo da se šeta po brodu. Nije izgledalo da hoće da opšti sa ostalim putnicima koje nije poznavao i koji su pokušavali da mu se obrate, ali mislim da je to bilo njegovo uobičajeno držanje. A onda, oko tri sata popodne, nastala je nekakva zbrka na levom boku broda. Otkako smo isplovili na pučinu, ostavljao sam da se vuče jedna udica, očekujući da ribe budu dovoljno glupe da se upecaju na nju. Znaš već, ona udica sa plastičnim mamcem koji liči na sipu. Jedna sabljarka se upravo tu uhvatila. Takva sreća je veoma retka! Svi su se, dakle, okupili na levom boku da gledaju. Da se riba uhvati na mamac, to je pitanje sreće, ali da se izvuče na palubu, to je pitanje stručnosti! Treba pustiti ribu da pliva malo, a kad se umori – izvući je i dotući jakim udarcem u glavu. Ako se koprca, udica može da se otkači, a to je sve stvar spretnosti.»

«Pa znači tako, kapetan lično peca? Reci, na tvom brodu nema sekiracije!» rekao je tata malo iznenađen.

«Čekaj, saslušaj me do kraja! Kad sam shvatio da je sabljarka zagrizla udicu, izašao sam iz svoje kabine da preuzmem rukovođenje tom operacijom, i u času kada je ta glupa riba trebalo da bude izvučena na palubu, tada se to dogodilo. Putnik je pao sa gornje palube kao kamen! Jedino moguće objašnjenje je da je verovatno pratio tu scenu i nagnuo se preko brodske ograde ili se okliznuo želeći da se popne na merdevine za pomoć. U svakom slučaju, pao je kao klada na prednju palubu i više se nije pokrenuo. Slomio je vrat. Otprilike, kao da je pao sa drugog sprata neke zgrade. Kako je bio očigledno mrtav, ostavili smo ga da leži tamo gde je pao i dovršili smo izvlačenje sabljarke. Za večeru, svako je imao prava na jedno parče. Veruj mi, to je bila zaista dobra riba!»

«A pokojnik?»

«Stavili smo ga na led.»

«Rečeno je da će umreti pri padu.»

«Svakako sila Zemljine teže.»

Onda sam ispričao tati i kapetanu šta mi je rekla baka Kamai.

«Šta li je on mogao učiniti tako rđavo?»

«Ko će ga znati! Teško je ljudima da shvate šta je rđavo u očima bogova. Treba pitati baku Kamai.»

Ali kad sam je ponovo sreo posle nekoliko dana, uzalud sam je pitao šta je gospodin Ernandes učinio rđavo, nije mi ništa odgovorila.

Što se tiče aviona gospodina Hankoka, kako u svakom slučaju on ne bi mogao ponovo uzleteti, ostavljen je na licu mesta. Oko šest meseci kasnije, prilikom nekog nevremena, potonuo je i na dnu mora postao dobro utočište za ribe. Često odlazimo u ribolov oko njega i nije retko da ulovimo dobre komade.

Odmah posle udesa, znajući da će mu osiguranje isplatiti obeštećenje, gospodin Hankok je poručio nov avion. Dok je čekao da mu bude isporučen, trebalo je ipak nastaviti da se obezbeđuje veza sa udaljenim ostrvima, pa je on odlučio da iznajmi jedan aparat od neke američke kompanije. Gospodinu Hankoku se veoma žurilo, a iznajmljivač nije imao vremena da prefarba avion, pa smo, na svoje veliko iznenađenje, videli kako aterira na našem ostrvu u bojama prethodnog korisnika: potpuno bombona roze! Gospodin Hankok je hteo da se rasplače kad je na pisti za sletanje otkrio avion koji je upravo spustio pilot iz kompanije za iznajmljivanje. A mi smo se, za ona dva meseca koliko je trebalo čekati na isporuku novog, u belo, zeleno i plavo obojenog aparata, u bojama kompanije *Gran-Pacifik*, ludo smejali svaki put kad bi velika roze bombona preletela iznad naših glava!

Slika velika kao nebo

Od varoši do vrha rta Saman ima tri kilometra. Odlazili smo često tamo peške i, ako imamo sreće, na izlasku iz varoši, mogli smo da koristimo prolazak nekog kamioneta koji bi nas ostavio blizu mosta što prelazi reku Rigin-Ragan. Kamioneti koji saobraćaju na našem ostrvu prevoze uvek mnogo ljudi i nije lako u njih ubaciti desetinu dece. Ipak, čim je trebalo ići na rt da se igramo, okupljali smo se uvek u velikom broju.

U to doba, imao sam dvanaest godina i Saman je bio najudaljenije mesto na koje sam mogao ići da se igram. Oni najmlađi među nama imali su tri-četiri godine, trebalo je, znači, paziti na njih i baviti se njima, ali mi smo na to bili navikli i odlično smo to radili. Čak i kad bismo bili potpuno obuzeti igrom, uvek bi jedan nadgledao one najmlađe. Bilo nas je dobrih desetak drugara i prisustvo sasvim malih u grupi nam nije smetalo da se zabavljamo do mile volje.

U visini mosta, put se računa u dva pravca i retka su kola koja idu prema rtu. Put od mosta na reci Rigin-Ragan do vrha rta iznosi oko kilometar. Uzan je i more se može videti sa obe strane. Na kraju se diže napušteno pristanište. One godine kada sam se ja rodio, izgrađena je prava luka i veliki brodovi su onda stizali do našeg ostrva. Ranije, rt je bio jedino mesto za pristajanje. Utvrđenog datuma, hidroavion bi se ukotvio za jednu bovu na pučini i putnici su morali da uzmu čamac da bi se iskrcali na ostrvo preko tog pristaništa. (To su mi objasnile odrasle osobe, jer ja nikad nisam video avion-amfibiju, prvi aparat koji sam upoznao bio je jedan boing.) A sada više nijedan brod ne pristaje uz rt.

Toga dana, kao i obično, pešačili smo putem vičući i dižući graju.

«Hajde da se takmičimo, da vidimo ko može najdalje da roni!»

«Možemo li da trčimo da uhvatimo zalet?»

«Važi. Oriana, idi u vodu i budi sudija.»

Oriana mi je rođaka. Ona je dve godine starija od mene. U to vreme, imala je četrnaest godina, ali svi su govorili da izgleda mlađa, jer je bila malo vetropirasta.

Ronili smo svi u isto vreme, uz veliko pljuskanje vode i, kako je jedan od nas pao tačno ispred Oriane praveći veliki vrtlog, ona konačno ništa nije videla. Uvek je, naime, bilo isto, nikad nismo uspevali da saznamo ko je najdalje ronio.

U podnožju betonskog pristaništa more je duboko i nije ga osvojila mangrova. Dakle, to je idealno mesto za kupanje. Ronili smo otprilike dva metra u dubinu i čim bi iščezla bela pena koja je šikljala kad bismo ulazili u vodu, nalazili smo se u potpuno plavom svetu. Bilo je neobično plivati između korala. Graja i smeh drugova kao da su najednom dolazili izdaleka.

Između varoši i rta nalazi se uvala Rigin-Ragan. Čak i kada je plima visoka, voda je tu plitka i motorni čamci ne smeju da plove izvan plovidbenog kanala. Sa vrha rta savršeno se vidi varoš, u kojoj dominiraju zvonik crkve i sat na Administrativnom centru. Zgrade aerodroma se ne vide, ali u dane kada duva zapadni vetar, mogu se videti avioni koji se oprezno spuštaju na sletnu pistu i, obrnuto, u dane istočnog vetra mogu se videti odmah po uzletanju, u punom zaletu. Njihovo potmulo brujanje čuje se čak do vrha rta.

Da nas je bilo samo dvoje-troje, ne znam da li bismo mogli ostati tako dugo igrajući se. Ali bilo nas je više od desetak, dečaka i devojčica svih uzrasta, od najmlađeg koji je imao tri godine, do mene i Oriane koji smo bili najstariji i uvek nalazili neku novu ideju za igru. Voleli smo mnogo da uhvatimo jednog među nama da ga bacimo u vodu. Kad je to bio najmlađi, jedan veliki bi najpre zaronio i uhvatio ga odozdo. Inače, u vodu smo bacali baš drugove koje smo mnogo voleli. Nismo se bavili onima koje smo smatrali davežima. Oni su mogli da se prave zanimljivi roneći na neki neobičan način ili ostajući najduže pod vodom, ali niko nije obraćao pažnju na njih. Pa ipak, to im nije smetalo da ostanu sa grupom.

Na rtu je bio hangar. Drvena vrata su uvek bila zatvorena velikim malo zarđalim katancem. Nikada nismo videli da je otvoren. Svakako nije više korišćen otkako su brodovi prestali da pristaju uz to pristanište. Više puta smo pokušavali da uđemo, ali drvena vrata su bila čvrsta i katanac izdržljiv; a do prozora se moglo dopreti tako što bi nekog mališu popeli na moja ramena, ali bio je zatvoren gvozdenim šipkama.

«U ovom hangaru je ogromna avet», počela je da objašnjava Enrika, gledajući u oči jednog za drugim svakog od onih koji su se zamorili pošto su ostali dugo da se igraju u vodi.

Enrika je bila veoma darovita u pričanju priča.

«Ta avet je toliko velika da ispunjava hangar i ne može da mrdne; zato samo spava. Siva je i ispunjena parom kao oblak. Lice joj je strašno, ali se ne vidi jer nestaje u isparenju iz njenog tela. Kad bismo otvorili vrata, bešumno bi izašla i pojela bi vas!»

Kad je lupila ovu poslednju rečenicu, Enrika je uprla pogled u Kaja koji je imao samo četiri godine i, prestrašen, prišao je da se privije uz mene.

«Ako nas pojede, idemo pravo u jedan drugi svet. Ogroman svet, beskrajan, u utrobi aveti. Tamo je vrlo hladno. Slediš se čak i ako navučeš više košulja jednu preko druge.»

«Pre će biti da ti ulivaš strah! Ti si avet, Enrika!» našalio se jedan od nas.

Uvređena, Enrika je odgovorila nešto, ali šala je rasturila čaroliju pa su, kad je strah nestao, svi ponovo jurnuli u vodu i ponovo počeli da dižu graju. Sunce je bilo još visoko na nebu i bilo je veoma toplo.

Lilan je saslušala Enriku kako priča svoju priču sa potpuno drugačijim izrazom na licu od ostale dece. Ona, inače, nije ličila ni na koga od njih. Imala je sedam godina i bila veoma lepa. Otac Kinez, a majka rodom sa našeg ostrva nisu bili ništa posebno, ali Lilan je bila izuzetno lepa. Ona je očaravala sve i svi su je voleli. Odrasle osobe su je često hvalile zbog njene pameti i živahnosti. Usred dece koju zaista ništa nije razlikovalo jedne od drugih i koja su navikla da rade manje-više iste stvari zajedno, ona je redovno privlačila pažnju iako nije činila ništa da bi bila zapažena, kao recimo da bude predvodnica grupe ili da se pravi važna. Događalo joj se, ipak, da se izgubi u svojim sanjarijama. Tada njene lepe oči ne bi više imale uobičajeni sjaj i pogled bi joj ostajao uprt u nešto više od neba. Mogli ste pokušavati da je dozovete, ona ne bi odgovarala, kao da više nije tu.

«Ona me malo brine», odgovarala je često njena majka osobama koje su joj hvalile ćerku. Ponekad bi čak stvarno nestajala. Naravno, događalo se da se deca ne vrate kući. Ja sam, na primer, odlazio s vremena na vreme kod udaljenih rođaka i ne bih se vraćao po tri dana. Ali nestajanje Lilan bilo je nešto drugo. Na kraju bismo je uvek pronašli, ali na nekim čudnim mestima: usred brda Kurampok koje nadvisuje varoš, na primer, ili iza koralne barijere, blizu oznake koja pokazuje plovni kanal između plićaka. Svaki put, neki kamionet ili barka u prolazu bi je slučajno pronašli i vratili majci, poludeloj od brige. Kako je stanovala sasvim pored moje kuće, znao sam Lilan još kao sasvim mali. Jednog dana jedan džip iz radio-stanice instalirane na vrhu planine pokupio je i otpratio kući a ja sam je upitao:

«Reci, kuda si htela da ideš?»

«Ne znam, htela sam da idem još dalje, ali sam se umorila...»

Izgleda da ni sama nije znala zašto je tako odlazila.

Toga dana smislili smo, dakle, da idemo na rt Saman. Već neko vreme vršeni su radovi na zatrpavanju velikih kanalizacionih cevi na putu koji je prolazio ispred moje kuće. Moja kuća je samo mali hotel, ali tata je bio oduševljen što se postavlja pravi kanalizacioni sistem. A mi deca bili smo vrlo zadovoljni što svakodnevno odlazimo da gledamo te ogromne mašine koje su kopale rovove i vešto bacale na gomilu zemlju koja je zatim tovarena na kamione. Dan je bio loše počeo, ništa nije išlo kako valja. Najpre je Glazio upao u rov na čijem se dnu nakupila kišnica. Rupa je bila duboka i Glazio, koji je imao samo šest godina, nije uspevao da se popne. Legao sam na stomak i pružio mu ruku, ali on nije mogao da je uhvati. Čuvar radilišta, koji je video da se smejemo i mlataramo rukama oko rupe, prišao je trčeći:

«Šta radiš ti tamo? Smesta se popni!»

Pružio je svoju dugačku ruku malom Glaziju, snažno ga je zgrabio i izvukao na površinu bez i najmanjeg znaka napora. Glazio je bio skroz mokar i blatnjav.

«Ne treba da se igrate ovde! Gubite se, je l' razumete? Ama hajdete da pogledate s druge strane ostrva da li sam tamo!»

Malo postiđeni, udaljili smo se. Mora biti da se Glazio udario prilikom pada, imao je nekoliko ogrebotina na nozi. Pošto smo se kolebali šta da radimo, a kako je bilo još rano popodne, odlučili smo da idemo na rt Saman. Srećom, Kajov stariji brat prošao je kamionetom. Kao uvek, bilo gde da ide, njegova žena ga prati sedeći pored njega na prednjem sedištu, ali nije bilo nikog na platformi. To je bilo savršeno, tako nismo morali da pešačimo do mosta Rigin-Ragan!

«Ako idete na rt, pokupiću vas kad se budem spuštao sa planine», predložio nam je Kajov brat.

Zbilja smo imali sreće!

Malo je kuća duž puta do rta. Put je pravolinijski, ali sav u usponima i padovima, a na nekim mestima, u rupama, bile su velike lokve. Uskočili smo u njih da se poprskamo i gurali smo jedni druge da upadnemo, tako da smo vrlo brzo svi bili isto tako mokri i blatnjavi kao i Glazio posle njegovog pada u jamu. U trenutku kad smo prelazili jednu lokvu veću od ostalih, jednako gurajući se međusobno i galameći, okrenuo sam se i primetio Lilan malo po strani, pešačila je oslanjajući se na drveće duž puta. Nije bilo ni trunke blata na njenoj nebo plavoj haljini i, mada je obula gumene japanke, noge su joj bile gotovo suve.

«Lilan, zašto se izdvajaš od društva?»

«Zato što ima novu haljinu.»

«Badava, zato što ćemo u svakom slučaju svi završiti u kadi.»

Lilan nas je pustila da pričamo, ne odgovarajući. Usredsređenog izraza, obišla je oko jednog drveta i pridružila nam se na putu. Glazio je šljapkao u nekoj lokvi i prikrao joj se da je poprska, ali se naglo zaustavio kad je video kako je ozbiljna u licu.

Na kraju puta, more opkoljava drum i s desne i s leve strane, i tu je on savršeno ravan, gotovo bez lokvi. Lilan je, znači, lako mogla da sačuva svoju odeću besprekorno čistu i da sa svima dospe na vrh rta. Prosto da čovek pomisli kako je neka princeza zalutala usred čopora seoske blatnjave dečurlije.

Poslednjih sto metara, trkali smo se i zagnjurili se glavačke u more. Voda je bila mlaka. Tonuli smo u toj plavoj tečnosti, a telo su nam milovali mehurići koje je izazvalo ronjenje. Svako je plivao u drugom pravcu, što je moguće duže. U jednom trenutku ugledao sam suknju neke devojčice koja se širila kao cvet i talasala u vodi, zatim sam, u srebrnom blesku, opazio jato sićušnih riba koje su naglo menjale pravac. Pošto sam ronio ka pučini koliko sam mogao da zadržim dah, izvukao sam glavu iz vode i pogledao iza sebe. Video sam Lilan na pristaništu kako drži za ruku dvoje mališana. Jaki zraci sunca preplavili su joj lice, a ona kao da nije gledala ni more, ni mene, ni varoš, nego nešto visoko na nebu. Vratio sam se na obalu. Svi koji su ronili, peli su se jedan za drugim na pristanište stepenicama postavljenim bočno na platformu. Neki su ponovo zaronili, a drugi odjurili iza hangara.

«Prihvatiću te odozdo, pokušaj da roniš», predložio sam Kaju koji je pristao i veoma se uozbiljio.

Sačekao je da ja budem u vodi pa je zatvorio oči i skočio. U stvari, on je umeo dovoljno dobro da pliva i nije mu bila potrebna moja pomoć. Ipak sam se malo poigrao sa njim u vodi pre nego što ću se popeti na pristanište. Enrika me je zamenila uz Kaja kome se uopšte nije izlazilo iz vode. Ken i Arium su šutirali fudbalsku loptu o zid hangara. Kad bi promašili cilj i lopta pala u vodu, Enrika bi je prihvatala i vraćala, a dok je odskakala dizao se mlaz sitnih kapljica. Lilan je uplitala kosu maloj Besi i kad je završila, zadenula joj je cvet hibiskusa iza uva. Toni je uhvatio Glazija za noge i poterao ga kao ručna kolica.

«O! Što su lepa ova kolica, povezi me!» dobacio sam i zajašio Glazija preko leđa a on se, jadnik, srušio.

«Pretežak si, Tio. Da se menjamo, ti da nosiš!» Na kraju, namučio sam se da podnesem Glazijevu težinu, a da malo mrdnem napred bilo mi je nemoguće.

Jedna barka se vraćala sa pučine kanalom koji vodi ka dnu uvale Rigin-Ragan prolazeći na desetak metara od pristaništa. S mesta na kome sam bio, na visini, opazio sam Kaja koji se držao za jednu stenu. Enrika je bila pored njega. U barci je bio samo jedan čovek. Držeći krmu jednom rukom, drugom je mahnuo smešeći se. Prepoznao sam ga: bio je to gospodin koji stanuje iza pošte. Svi su mu puno mahali. Od brazde koju je ostavljala barka polazili su kosi talasi da se bučno razbiju o obalu.

Prateći pogledom barku koja se usmeravala ka dnu uvale, zapazili smo prisustvo jednog čoveka. Nosio je strogo crno odelo. Nepomičan, gledao je u našem pravcu. Čovek bi pomislio da je sišao s neba i očekivao ćutke da ga na kraju primetimo. Iznenađen, netremice sam ga gledao. Ostala deca su zaćutala. Ne mičući se s mesta na kome je stajao, čovek je obrisao maramicom znoj sa čela.

Izgledalo je da mu je veoma vrućina. Teško je bilo reći koje je rase. Bio je preplanuo, ali nije bio onoliko crn kao mi. Nije bio beo, ali nije bio ni Kinez. Još je teže bilo odrediti mu godine. Bio je mršav i, možda zbog njegove crne pohabane jakne, uska pleća su mu davala nekakvu vitkost kojom se nije odlikovao nijedan muškarac sa našeg ostrva. Stidljivo se osmehnuo snebivajući se i krišom bi nas pogledao. Držao je malu crnu torbu u ruci. Najednom, shvatio sam u čemu je neobičnost njegove iznenadne pojave. Ravnina puta koji vodi na rt dopušta da se veoma daleko vidi i, da je stigao s te strane, neko od nas morao bi da ga spazi mnogo ranije. Prolazak one barke stvarno je privukao pažnju nekih među nama, ali to nije bio tako veliki događaj kao što je, recimo, nailazak aviona i mi, svakako, nismo svi uprli pogled u more. Nije se videlo nijedno vozilo, očigledno je bilo da taj čovek nije stigao kolima, inače bismo čuli buku motora.

U stvari, znao sam tog čoveka. Bio je to gost koji je boravio u našem hotelu otprilike pet dana ranije. Ja sam pratio tatu kad je išao po njega na aerodrom. Od dolaska, stalno je izgledao uplašeno. Od sveg prtljaga imao je malu crnu torbu koju je uvek predostrožno držao. Stidljivo se osmehivao i gotovo da nije govorio, pa se tata nije usuđivao da ga pita šta ga dovodi na naše ostrvo. Izgledalo je da mu je veoma vruće, pa ipak nije skidao jaknu niti bi olabavio tamnu kravatu i stalno je stezao u rukama maramicu kojom je brisao čelo. Svako jutro, obučen na isti način, silazio je da doručkuje i jeo polako, bez i najmanjeg šuma. Napuštao bi zatim hotel peške i ne bismo ga ponovo videli sve do večeri.

Zaista je to on stajao sada pred nama. Posmatrali smo ga ćuteći za trenutak. Neko mi je prišao i uhvatio me za ruku: bila je to Besi koja je stajala pored mene i istovremeno zurila u tog čoveka kojem je izgleda stvarno bilo nelagodno što je tako privukao pažnju sve te dece. Pomislio sam da, kad bismo u isto vreme jurnuli na njega, svakako nam ne bi bilo nimalo teško da ga bacimo u vodu. Ali, u isto vreme, osetio sam da me obuzima neka naklonost prema tom čoveku. Zašto je došao do vrha rta Saman? Bilo je to mesto na koje odrasli gotovo nikad ne dolaze, a nisam mislio da je naročito hteo da bude sa nama. Da je to bio slučaj, mogao je da nas nađe pored hotela gde smo većinom provodili vreme. Pomislio sam da je možda došao zbog hangara i od te misli sam uzdrhtao. A ako izvuče iz svoje crne torbe ključ za katanac, otvori vrata i pusti da izađe avet, siva i puna pare kao oblak? Krišom, bacio sam letimičan pogled na zdanje i odmah shvatio da je ona priča o sivoj aveti samo Enrikina izmišljotina.

Čuo sam šljapkanje bosih mokrih nogu Enrike i Kaja koji su se peli na pristanište stepenicama, a odmah zatim pojavile su im se glave na ivici platforme. Izgledali su iznenađeni što više ne čuju nikakvu graju sa pristaništa. Penjući se polako stepenicama, Enrika je posmatrala onog čoveka. Suknja joj se cedila. Kaj je išao odmah za njom, kao da pokušava da se sakrije iza nje. Videvši ih, onaj čovek je delovao još smetenije. Možda je pomislio da će sva ta deca udruženim snagama da se bace na njega?

Spremao sam se da kažem da treba da ostavimo tog gospodina na miru i da se vratimo igri kad, kao da je uspeo da prikupi hrabrost, čovek krenu prema nama. Glazio i jedan drugi mališan, koji su bili tačno pred njim, uplašili su se i naglo ustuknuli. Čovek kao da nas više nije video. Prišao je napred do sredine pristaništa, čučnuo, spustio onu svoju torbu na zemlju i otvorio je. Posmatrali smo ga sa pristojnog rastojanja. Gledana sa strane, pleća su mu izgledala zaista veoma uska, a onako čučeći u crnoj odeći, ličio je na nekog slepog miša koji leti nebom varoši kad padne mrak. Enrika mi priđe i tiho me upita:

«Ko je to?»

«Jedan gost iz našeg hotela, ali ne znam ništa o njemu.»

Čovek je preturao po onoj torbi, izvadio iz nje kratku palicu, brižljivo zatvorio torbu i ustao. S palicom u ruci više nije delovao uplašeno i, mada je i dalje bio onako mali i slabunjav, pokazivao je sada izvestan ponos. Palica nije izgledala opasno. Sigurno, čovek je okružio pogledom našu grupu i počeo da se smeši. I dalje sa palicom u desnoj ruci, zavukao je levu u džep i iz njega izvadio neki mali predmet koji je vrteo na dlanu pošto je proverio da li ga zaista svi gledaju. Začuo se kratak zvuk i pojavio se plamen. «Uf, pa to je samo upaljač», pomislio sam. Neznanac je približio plamen vrhu palice koju je stalno držao u desnoj ruci. Najednom, sitno pucketanje je odjeknulo u isti čas kad su se iz palice razletele male varnice u raznim bojama. Nisu padale pravo na tle već su se širile kao neka blistava cvetna krunica i lagano se spuštale ocrtavajući spirale. Svetlost je bila jarka ali ne zaslepljujuća. Ponekad, čovek bi pomislio da su dve varnice jedna drugoj pružale ruku da se zajedno kovitlaju. Neke su još odskakale dotičući zemlju, kao kad voda teče iz jako otvorene slavine. Čovek je ponosno stajao, sa vatrometom na vrhu šake.

Naravno, znali smo da je to vatromet. Gospodin Šan koji drži radnju sa mešovitom robom čak ga je jednom uvezao. «Iz Hongkonga», rekao je. Nažalost, više od polovine njegove isporuke činile su petarde. Otac Najmana, jednog drugara iz moje bejzbol ekipe, kupio ih je ne znajući šta je petarda i, jedne nedelje popodne, u kutu pri dnu bašte iza njegove kuće, zapalio ih je, ipak sa izvesnom predostrožnošću. Petarde su najednom eksplodirale uz zaglušujući prasak. Iznenađen, Najmanov otac ih je ispustio i petarde su poduže produžile da odskaču na sve strane po bašti između potpuno prestravljenih svinja koje su se raštrkale na sve strane. Više nâs je konačno uspelo da vrati četiri svinje koje su se bile razbežale, ali za to nam je bilo potrebno celo kasno popodne. Najmanova majka se silno izvikala na Najmanovog oca, a gospodin Šan je ostao sa celim tovarom petardi u naručju. U poređenju sa vatrometom ovog neobičnog čoveka koji je stajao pred nama, vatromet koji je prodavao gospodin Šan sa petardama bio je prilično jadan: male i sasvim tanke, gasile bi se odmah pošto bi ih zapalili, a uz to, preko dana to nije bilo zabavno zato što se gotovo nisu ni videle. U dubini duše, mislio sam da je, inače, malo čudno da vatromet bude tako lep čak i po jarkom suncu, ali toliko sam bio opčinjen, da nisam više mogao da odvojim pogled od raznobojnih varnica koje su neprestano obigravale sa vrha šake tog čoveka. Ne znajući zašto, imao sam utisak da taj vatromet ne širi

nikakvu toplotu. Oko mene, sva deca su stajala kao uko-
pana pred predivnim prizorom.

Prva raketa je ipak na kraju sasvim sagorela. Sav po-
nosan, čovek je letimice zaokružio decu pogledom. U na-
šim očima, mogao je da pročita koliko smo želeli da vidi-
mo još jedan vatromet. Ponovo je čučnuo, otvorio torbu
i iz nje izvadio drugu palicu koja nam je izgledala ista kao
i prethodna. Ovoga puta, nije odmah pripalio vatru. Po-
merio se ka kraju pristaništa i, stojeći, okrenuo prema
moru. Mi smo pohitali da se naređamo pored njega. Po-
novo je uzeo upaljač i zapalio vrh rakete koju je podigao
visoko iznad glave. Nit plave svetlosti vinula se prema nebu,
zatim se plamena kugla zacrvenila na kraju palice. Mičući
rukom, čovek je počeo da crta nešto u vazduhu tom uža-
renom kuglom. Pojavila se crvena riba, koja je potom
prešla u žutu boju, zatim u zelenu pre nego što će se uga-
siti i nestati. Zatim je čovek nacrtao pticu. Bila je to ona
koju, na našem ostrvu, zovu *totopai*. Ptica je uzletela veoma
visoko u nebo. Zatim se pojavilo jedno svinjče. Svi su
zapljeskali. A potom, veliki puž, kakvi se nalaze na ostrvu.
Pa kokosova palma. Na kraju, taj čovek je nacrtao jedno
lice. Bilo je to moje lice! Svi su se okrenuli prema meni
zbijajući šale. Onaj čovek me je takođe pogledao smešeći
se, i izgledao je veoma zadovoljan sobom. A ja sam se po-
stideo i osetio da mi se lice žari. Zatim se i drugi vatromet
takođe završio. Čovek se okrenuo prema svojoj torbi i iz
nje izvadio novu raketu, veću od one dve prethodne.
Ovoga puta, kad je zapalio, buket ljubičastih varnica je
uzleteo veoma visoko i veoma daleko u nebo. Vrh palice
blistao je zaslepljujućom belinom. Polako, čovek je iskre-

nuo ruku u kojoj je držao raketu i na horizontu iscrtao belu pravu liniju. U istom trenutku, ona ljubičasta boja je nestala. Bela linija počela je da se odvija preko neba kao neka tkanina i na tom platnu na dnu pojavio se neki predeo. Predstavljao je veliki grad, kao gledan s brega koji bi ga nadvisivao. U tom gradu uzdizalo se više čudnih zgrada na kojima su se dizale kule, a na svakoj od njih vijorila se zastava. Zidovi kuća bili su svetložuti a krovovi bordo boje. Sa leve strane tekla je reka preko koje je prelazio most. Kako smo posmatrali grad izdaleka, nismo razaznavali ljude, ali smo imali utisak da tu ima sveta i da je veoma živo. Iza grada, videle su se strme, potpuno bele planine. To je svakako bilo ono što nazivaju snegom? Bio sam potpuno zaboravio da se nalazim na rtu Saman. Pogleda uprtog u tu sliku okačenu o nebo, imao sam utisak da stalno otkrivam sve više pojedinosti među zgradama, po zidovima bedema, ispod malih lukova ili mostova, usred bezbrojnih tankih i vitkih stabala, i nisam mogao da odvojim pogled od toga. Posle izvesnog vremena, koje je mora biti prilično potrajalo, predeo na nebu je počeo da se briše, zatim je iščezao. Jedino je ostala bela linija na horizontu koja je takođe postepeno nestala. Svi su duboko uzdahnuli i ispitivački posmatrali okolinu. Hteo sam da postavim gomilu pitanja čudnom gospodinu, ali sam bio toliko uzbuđen da nisam uspevao da progovorim.

Čovek je uzeo novu raketu i odmah je zapalio. Kao i prethodno, iscrtao je belu liniju na horizontu od koje se odmotavao pejzaž. Ovoga puta to je bio pogled na more. Na tamnoj vodi uzdizale su se neke bele stvari, kao planine. Pomislio sam da to moraju biti ploveće sante, one velike ledene gromade koje plove u hladnim morima. Na levoj strani slike, video se brod sa razvijenim jedrima. Nikada nisam video jedrenjak te veličine: bio je mnogo veći od naših piroga, velik kao parobrodi. Počeo je da se kreće. Lagano, prešao je sliku sleva nadesno. Posmatrali smo kako se kreće napred ne ispuštajući ga iz vida. U trenutku kad je jedrenjak stigao do desnog kraja slike, iščezao je. Čovek je pohitao da ispali novu raketu. Trebalo mi je vremena da shvatim da je predeo koji se odvijao pred nama šuma viđena s neba. Predeo se kretao. Zelena masa šume prolazila je odozgo nadole. Bilo je to kao da smo postali ptice ili kao da smo u avionu. Ukazala se široka reka koja je vijugala kroz drveće. Voda joj je bila mutna, zagasitosmeđe boje. Videle su se male bele tačke koje su preletale preko nje. To su verovatno bile ptice koje su letele niže od nas. Čak i kad smo prešli na drugu stranu reke, i dalje smo videli šumu kako se prostire u nedogled. A onda smo opazili pustinju. Pa pustinju boje meda, u kojoj se nalazio žuti lav. Pa brdašce pokriveno travom na čijim padinama se lagano kretalo stado ovaca. Torba tog gospodina izgledalo je da sadrži beskonačne predele. Kao da smo izgubili svest o sebi. Od trogodišnjeg mališana do najstarijeg od četrnaest godina, svi smo bili opčinjeni slikama koje su se ocrtavale na nebu! Sledeći vatromet nije pokazivao predeo, nego zmaja. Iskričavih očiju, tela pokrivenog krljuštima sa zelenim i zlatnim odsjajima, teturao se jureći za sopstvenim repom. Brkovi su mu se praćakali. Grebao je vazduh svojim dugačkim šapama sa savijenim kandžama i vitlao je po nebu. Prvi put sam video takvu životinju. Iznenada, okrenula se prema nama; njena crvena čeljust i krupne oči bile su zastrašujuće. Aždaja se batrgala, a mi smo stajali piljeći u nju. Posle podužeg vremena je iščezla, ali čak i kad je nestala nismo mogli da odvojimo pogled od neba.

Bio je to poslednji vatromet. Kako više ništa nije nailazilo, postepeno smo se pribrali i primetili da je onaj čovek nestao. Ni njegova crna torba nije više bila tu. Otišao je bešumno, kao što je i došao. Ne znajući šta da kažemo, zgledali smo se između sebe, izgubljeni, kao da je jedan deo našeg duha odleteo daleko prema nebu. Posle ne znam koliko vremena, Enrika se prišunjala do mene i šapnula mi:

«Lilan je nestala!»

Pogledao sam oko sebe da li su sva deca tu. Enrika je bila u pravu, Lilan se nije videla. Pogledao sam prema moru, ali nije bilo nikog. A uz to, setio sam se da se Lilan nije kupala nijednom toga dana. Tražili smo je na sve strane, ali nigde je nije bilo, ni na pristaništu, ni pod vodom u koju sam ipak zaronio da bih proverio, ni u šikari duž puta. A hangar je i dalje bio zatvoren. Nastavili smo da tražimo Lilan sve dok Kajov brat nije došao po nas svojim kamionetom.

Lilan se nikad nije vratila.

Te večeri svi su je tražili svuda po ostrvu, ali bez uspeha. Čak i nada da će na kraju iskrsnuti na nekom neverovatnom mestu, kao ranije, posle nedelju dana se ugasila, kao što su iščezle one slike koje su se nizale po nebu. Okupio sam svoje drugare i napravili smo ekipu za traganje, ali uzalud smo iz dana u dan pretraživali i najmanja skrovita mesta na ostrvu, naša pretraživanja su ostala uzaludna.

Lilan se nije mogla pronaći. Onaj čovek je isto tako iščezao. Nije se vratio u hotel i ništa nije ostavio u svojoj sobi. U hotelskoj knjizi zabeleženo je *Lotos K. Sasafras, 37 godina, nacionalnost američka*, ali broj njegovog pasoša bio je nečitak, kao da je neko prosuo vodu tačno na mestu na kome ga je zapisao. Ni on, ni Lilan nisu napustili ostrvo avionom niti brodom. U tom pogledu nije bilo nikakve sumnje. Poslednjih dana nikakva sportska jedrilica nije pristala u luci obilazeći ostrvo i niko nije primio novac da ih odvede čamcem do broda ukotvljenog na pučini. U principu, oni ne bi mogli da napuste ostrvo, a ipak Lilan i gospodin Sasafras nisu se mogli nigde videti.

Onoga dana kada je Lilan nestala, moj rođak Lukas, koji je isplovio u ribolov na pučinu, nije se vratio u luku. Trebalo je, znači, tražiti i njega. Imali smo utisak da sve vreme provodimo tragajući za nestalima. Konačno, posle pet dana, Lukas se vratio jednog jutra na tankeru koji je obilazio ostrva u tom regionu. On nam je ispričao da se motor njegovog čamca pokvario kad je bio na pučini i da se udaljavao od obale tri dana. Svi su mu govorili da je glupo isploviti na pučinu iza koralne barijere ne ponevši rezervne svećice. Već se više puta događalo da su ljudi, pošto bi se udaljili od obale nedelju-dve, na kraju uspevali da se vrate na ostrvo. Ponekad je bivalo i da se nikad ne vrate.

Više dana posle povratka, veoma ponosan na način na koji se izvukao iz nevolje i uspeo takođe da spasi svoj motorni čamac utovarivši ga na tanker, Lukas nam je objasnio nadugačko i naširoko kako je ostao priseban kad je osetio da se udaljuje od obale. Priča koju nam je potom ispričao nije imala nikakve veze sa njegovom nezgodom i zato je mislio da nam o njoj priča tek mnogo kasnije: toga jutra, rano, zaplovio je pošto je prešao koralnu barijeru prateći plovni kanal. Potom je zaustavio motor, bacio sidro i počeo da peca. Neznatno se udaljio od kopna, od severa prema severoistoku ostrva i, posle izvesnog vremena, pomislio je da je vreme da se vrati. Ali, i pored više pokušaja, nije uspeo da pokrene motor. Dobar sat je vukao i povlačio starter, a onda u času kad je već digao ruke, pogledao je prema nebu i opazio nešto što je letelo u pravcu istoka. Pomislio je da je neka ptica, ali je ipak bilo malo čudno da leti tako visoko i tako pravo. Pogledavši bolje, razaznao je dve crne tačkice jednu pored druge, kao dve osobe raširenih ruku. Mogla su to biti dva aviona koja lete visoko na nebu, ali nije čuo ni najmanji zvuk.

«Avion mnogo liči na čoveka raširenih ruku, zar ne misliš?» upitao me je Lukas.

Da bi bio načisto, vrlo pažljivo je posmatrao te dve tačke. Toliko se usredsredio da su ga na kraju zabolele oči, ali one su se postepeno stopile na nebu dok nisu iščezle. Lukas je produžio da se bori sa svojim motorom i njegova zabrinutost je rasla toliko da je zbog toga zaboravio onu čudnu stvar koju je video kako leti.

Naknadno je tvrdio da je svakako gospodina Sasafrasa i Lilan primetio na nebu, ali niko nije znao da li zaista treba verovati u to.

U svakom slučaju, od tog dana, niko više nikad nije video Lilan.

Blago skriveno na raskrsnici

Imao sam trinaest godina kada je prvi asfaltni put izgrađen na našem ostrvu. U to doba igrao sam kao prva baza «Delfina», najboljeg bejzbol-tima na ostrvu. Od tada, vezujem uvek makadam za bejzbol. To je zbog afere oko gospodina Bama i kopanja rupe. Kad se priča o bejzbolu, odmah mi padnu na um sećanja na radove oko uređenja puta, i obrnuto, čim se priča o asfaltu, prisećam se slika rukavica za bejzbol.

Ranije nije bilo puta na našem ostrvu zato što gotovo i da nije bilo kola. Otprilike u vreme kad sam se rodio, vozila Uprave su se namnožila, a i neki pojedinci su takođe počeli da stiču sopstvena kola. Imao sam sedam godina kad smo kupili minibus da idemo po goste hotela kad stignu i da ih otpratimo pri odlasku. A onda se, sa povećanjem broja kola, postavio problem puteva.

Na našem ostrvu mnogo pada kiša i ranije, kada su padavine bile ogromne, velike lokve stvarale su se po putevima, prave kaljuge, pa nije bila retkost da se na njima kola zaglibe. Jednog dana, sa tatom, pri povratku s puta

Ikezava Nacuki*

iz jednog malo udaljenijeg mesta, našli smo se zaglavljeni u planini pošto se već spustila noć. Kako nismo mogli ništa da preduzmemo, prenoćili smo u Gramanamu, najbližem selu. Sutradan izjutra, zahvaljujući pomoći nekolicine ljudi, uspeli smo da izvučemo kola iz blata. Kad kiša nije padala, putevi su bili džombasti i kako su bili pokriveni šljunkom, nije bilo retko da guma pukne. Uvek vozeći se zajedno sa tatom, događalo nam se da nam guma pukne, da je zamenimo, pa da nam onda crkne i rezervna. Tada bismo morali da prenoćimo kod prijatelja koji stanuju u tom kraju. Slučajno, opet blizu Gramanama, desilo nam se da se zaglavimo, a kad su nas videli kako stižemo, ljudi iz sela malo su se šalili na naš račun, govoreći da mi zaista ne želimo više da ih napustimo.

Ni u varoši situacija nije bila slavna. Teren za bejzbol su ipak manje pokrile lokve nego što je to bio slučaj po putevima. To se događalo zbog kola čiji su točkovi dubili brazde u kojima se voda lako skupljala. Neki ljudi su se žalili što kola tako izazivaju neugodnosti čak i pešacima. Tata je govorio da, u svakom slučaju, kako se na putevima ostrva može voziti samo prvom i drugom brzinom, bolje bi bilo praviti jevtina kola bez treće i četvrte brzine. (Po mišljenju gospodina Tamantega, koji radi u skladištu za građevinski materijal, ne postoji mnogo zemalja na svetu koje bi želele taj tip kola, pa bi to, znači, zahtevalo specijalnu izradu i bilo bi nemoguće nabavljati ih po povoljnoj ceni.) U svakom slučaju, u početku, svi su mislili da se tu ništa ne može i da je prirodno da se u kišne dane putevi pretvore u kaljuge. A onda, posle nekog vremena, ljudi

84

koji su odlazili na veća ostrva ili u inostranstvo, proneli su vest da postoje ravni, čvrsti i tako građeni putevi da se na njima voda ne skuplja. Uprava ostrva je na kraju ozbiljno shvatila problem i odlučila da bar u varoši saobraćajnice budu asfaltirane.

Najpre su inženjeri iz jedne japanske kompanije, specijalizovane za drumske radove, došli da ispitaju teren. Ostali su oko mesec dana i smestili se u našem hotelu. Prokrstarili su ostrvo uzduž i popreko tragajući za planinom iz koje bi bilo mogućno vaditi kamen, i najzad su našli idealno mesto – tačno iznad sela Gramanama. Potom su svakakve sprave stigle brodom na ostrvo. Otvoren je majdan u planini i tu su postavljene kolibe na radilištu, da bi se smestili radnici koji su došli tu da rade. Sve je to oduševljavalo nas decu i često, koristeći zadnju platformu nekog kamioneta u prolazu, uspevali smo da se prebacimo do Gramanama kako bismo satima posmatrali velike mašine koje su bušile stenu uz zaglušujuću buku i pokretne trake koje su prenosile tako izvučeno kamenje, da bi ga tovarile u prikolice ogromnih kamiona. Za to vreme, druge teške mašine pokretale su se u varoši. Buldožeri su kopali zemlju, praćeni bagerima koji su je odnosili. Zatim bi inženjeri brzo premeravali pre nego što dođu kamioni da prospu šljunak, koji bi potom valjci utabali. Na kraju, površina je bila potpuno glatka, baš kao zidovi zgrada od betona. Tek završeni putevi bili su crne, svetlucave boje. Kapljice vode padale bi na njihovu površinu i blistale na suncu. Ponekad, na tim vlažnim mestima, moglo se videti nešto kao duga. Provodili smo dane posmatrajući taj očaravajući prizor. Radnici, koje smo pratili u stopu, učili su nas imenima svih sprava. A često bi tražili da se udaljimo zato što je opasno i grdili nas ako se suviše približimo. Uostalom, nisu samo deca bila opčinjena, čak bi i odrasle osobe ostajale satima da stoje na ivici puta posmatrajući radove. Bilo je uzbudljivo gledati velike sprave kako se kreću u potmuloj tutnjavi a, uz to, miris asfalta nas je uzbuđivao. Radnici su se žalili na vrućinu i istovremeno radili mnogo. Napredovali su vrlo brzo, tako da su ulice u varoši bile brzo opremljene. Prvi put su kola mogla prelaziti u treću brzinu!

Radovi na uređenju ulica u varoši bili su manje-više završeni kada je bejzbol tim iz Torasa, susednog atola, došao k nama da igramo utakmicu. To je bio prvi susret u sezoni. Milije bi nam bilo da smo mi uzeli avion da idemo da igramo u Torasu, ali pošto je naš teren bio veći, odlučeno je da će se utakmica igrati kod nas. Konačno, protivnički tim nije uhvatio avion nego neku staru lađicu Uprave koja se vukla; dakle, zaista više nismo imali razloga da im zavidimo.

Naravno, tim «Delfina», kome sam pripadao, predstavljao je naše ostrvo. Mi smo, naime, pobedili na turniru u kome su igrale četiri lokalne ekipe. Trebalo je igrati jednu za drugom eliminacione utakmice i pratiti u isto vreme napredovanje radova na putevima; dani su nam, prema tome, bili izuzetno dobro ispunjeni.

Utakmica se igrala na terenu pored stare crkve. U stvari, to je trg, ali kako se on koristi jedino da bi se igrao bejzbol, zovemo ga teren za bejzbol. Na dan utakmice mnogo ljudi sa ostrva je došlo da nas ohrabri. Čak su i igrači iz ona

www.ingramcontent.com/pod-product-compliance
Lightning Source LLC
La Vergne TN
LVHW021616080426
835510LV00019B/2607